기독교 문화와 한국문화

임성빈 엮음

모든 인간은 하나님의 형상을 닮은 존엄한 존재입니다. 전 세계의 모든 사람들은 인종, 민족, 피부색, 문화, 언어에 관계없이 존귀합니다. 예영커뮤니케이션은 이러한 정신에 근거해 모든 인간이 존귀한 삶을 사는데 필요한 지식과 문화를 예수 그리스도의 사랑으로 보급함으로써 우리가 속한 사회에 기여하고자 합니다.

문화선교연구신서 6
기독교문화와 한국문화
엮은이 · 임성빈 ‖ **펴낸이** · 김승태
초판 1쇄 찍은 날 · 2008년 4월 20일 ‖ 초판 1쇄 펴낸 날 · 2008년 4월 25일
편집 · 김지인, 방현주 ‖ **본문편집디자인** · 김지인, 이훈혜, 박한나
표지 디자인 · 박은미
영업 · 변미영, 장완철 ‖ **물류** · 조용환, 엄인휘

등록번호 · 제2-1349호(1992. 3. 31) ‖ **펴낸 곳** · 예영커뮤니케이션
주소 · (136-825) 서울시 성북구 성북1동 179-56 ‖ **홈페이지** www.jeyoung.com
출판사업부 · T. (02)766-8931, F. (02)766-8934 e-mail: edit1@jeyoung.com
출판유통사업부 · T. (02)766-7912 F.(02)766-8934 e-mail: sales@jeyoung.com

Copyright ⓒ 2008 문화선교연구원
ISBN 978-89-8350-471-5 (03230)
값 8,000원

문화선교연구신서 6

기독교 문화와 한국문화

임성빈 엮음

예영커뮤니케이션

차 례

머리말

　　문화선교연구원은 2004년 <제1회 기독교문화 학술 심포지엄>을 개최한 이후에 문화선교에 대한 다양한 학문적 대화를 가지게 되었습니다. 자칫 진지한 신학적 성찰의 부족으로 현장의 변화에만 민감한 나머지 기독교적 정체성을 상실하거나, 거꾸로 '기독교적 문화'를 고집하다 하나님나라 문화의 다양성을 상실할 수 있다는 위기감으로 매우 조심스러운 태도로 논의를 진행할 수밖에 없었습니다.

　　이제는 "기독교문화와 한국문화"라는 주제로 <제3회 기독교문화 학술 심포지엄>을 열어 또 한 발자국을 조심스럽게 내어 딛었습니다. 그러나 다음 발자국은 조금 더 급한 발걸음이 되어야 할 것 같습니다. 기독교가 한국에서 더 이상 외래종교라 볼 수 없을 만큼의 역사와 영향력을 가지고 있는 것이

사실이지만 또 한 쪽에서는 한국교회가 형성해 온 기독교문화
가 한국사회의 변화에 제대로 대응하지 못하고 있다는 비판이
있는 것도 사실입니다. 이것은 한국교회가 어떠한 이유에서든
주어진 상황에 책임적 역할을 다하지 못하고 있다는 반증이기
도 합니다.

　　이번 심포지엄은 현재 한국의 사회문화적 변화의 특징들
을 신학적으로 분석하고 이에 대한 한국교회의 대응전략을 반
성, 평가, 제안하려는 목적으로 준비되었습니다. 먼저 한국교
회의 복음해석의 다양성과 문화인식의 패러다임이 어떻게 변
했는지 살피고, 이어서 한국교회가 한국사회의 문화와 구체적
으로 어떻게 소통하여 왔는지 살피려는 노력을 하였습니다.
그리고 종합토론에서 한국사회의 문화를 지역문화의 하나로
설정하여 지역문화를 존중하며 소통하는 교회의 문화선교적
전략과 가능성을 전망함으로써 한국교회와 기독교의 한국문화
와의 관계설정의 돌파구를 모색하였습니다.

　　가톨릭까지 포함하면 기독교가 한국에 도래한 지 이미 2
세기가 지났습니다. 전 세계에서 유래를 찾아보기 힘들 만큼
빠른 성장세를 보여 세계에서 두 번째로 많은 선교사를 파송
한 선교대국이 되었고, 천만 성도를 자랑하는 교세를 갖게 되
었습니다. 그런데 이러한 한국교회의 교세에도 불구하고 한국
사회와 역사에서 기독교(특히 개신교) 문화는 여전히 그 뿌리
를 깊이 내리지 못하고 있는 실정입니다. 유교와 불교, 또한
무속 종교와 같은 전통적인 종교와 경쟁하면서 주류 종교로
성장했지만, 한 쪽에서는 그러한 종교와 문화적 혼합 현상이
나타나기도 하고, 또 다른 면에서는 전통문화와 전혀 이질적
인 서구문화를 특성을 그대로 따르는 문화적 긴장 국면이 계

속되고 있습니다.

하지만 부인할 수 없는 것은, 기독교가 한국에서 더 이상 외래종교라 볼 수 없을 만큼의 역사와 영향력을 가지고 있는 것이 사실입니다. 한국 기독교의 규모와 역량으로 보면 이제 한국문화의 한 부분을 구성하며 그 특징을 이루고 있습니다. 21세기에 들어선 지금 한국교회의 과제 중 하나는 현대의 대 중문화와 함께 전통문화의 변혁적 수용입니다. 기독교와 전통 문화의 관계에 관심을 기울였던 이들은 지금까지는 주로 특히 토착화신학이나 민중신학이라는 측면에서 접근해 들어갔습니다. 그러나 토착화신학은 기독교 신앙의 차별성을 충분히 담 보하지 못하였다는 이유로, 민중신학은 전통문화의 문화적 측 면을 이데올로기적으로 환원하였다는 이유로 한국교회의 신학 으로 자리 잡지 못하고 있는 형편입니다.

이제 21세기 다원화 시대를 맞아 한국 기독교의 문화가 한국문화 속에서 어떠한 역할을 감당해야 할 지 깊이 고민해 야 할 때인 것 같습니다. 기독교적 정체성과 한국문화의 독특 성을 함께 담보할 수 있는 문화신학적 접근과 대안이 절실합 니다. 이러한 의미에서 이번 심포지엄과 그 결과물인 이 책은 의미가 있습니다. 여기에는 제 3세대 민중신학자와 함께 토착 신학의 전통을 잇고 있는 학자가 함께 하였으며, 전통적인 신 학적 관점을 가진 성서학자, 기독교윤리학자와 선교학자들이 함께 하였습니다.

첫째 부문에서는 한국교회가 그 동안 우리 사회문화적 변 동에 대해 어떻게 반응해 왔고, 그러한 대응의 역사를 통해 문화신학의 전통적인 주제인 '그리스도와 문화'라는 측면에서 폭넓게 펼쳐진 신학적 스펙트럼을 살펴보았습니다. 둘째 부문에서는 구체적으로 전통문화와 또 대중문화를 대하는 현대 한국교회의 대응양식에 대한 분석을 시도하였습니다. 일반적으로 우리는 문화적 토양으로서의 한국교회가 전통문화와 대중문화를 어떻게 수용해 왔는지에 대해 더욱 많은 관심을 기울였습니다. 초기에는 거부와 저항의 양태가 많이 나타나지만, 그 또한 문화적 수용의 한 과정으로 보는 것이 타당하기 때문입니다. 마지막으로 전체적인 토론의 시간을 통해 앞으로 한국교회와 기독교문화가 한국문화의 변화를 어떻게 이끌어 나갈 수 있을지 고민하고, 그를 위해서 앞으로 준비해야 할 과제가 무엇인지 대화를 나누었습니다.

　　이 기회를 빌어서 심포지엄에 열성적으로 참여해 주시고, 이 책을 출간하기 위해 다시 원고를 정성스럽게 교정해 주신 발제자 분들께 감사를 드립니다. 또한 본 심포지엄의 기획과 진행을 주도한 성석환 책임연구원을 비롯한 문화선교연구원 식구들에게도 감사를 드립니다. 무엇보다도 학자들로 연구하고 발표할 수 있는 기회를 제공하여 준 서문교회와 손달익 목사님, 가나안교회와 장경덕 목사님께 깊은 감사를 표합니다. 만만치 않은 경영여건 속에서도 항상 기독교문화 형성을 위하여 노력하고 협력하시는 김승태 사장님을 비롯한 예영커뮤니케이션 관계자 분들께도 깊은 고마움을 전합니다. 이러한 여러분들의 헌신이 이 책을 읽고 도전받은 동역자들을 통하여 맺어질 하나님나라 문화의 풍성함으로 승화될 수 있기를 바라는 마음 간절합니다.

문화선교연구원 동역자들을 대신하여
임 성 빈

Section 1
한국사회의 변화와 문화인식 패러다임의 변화

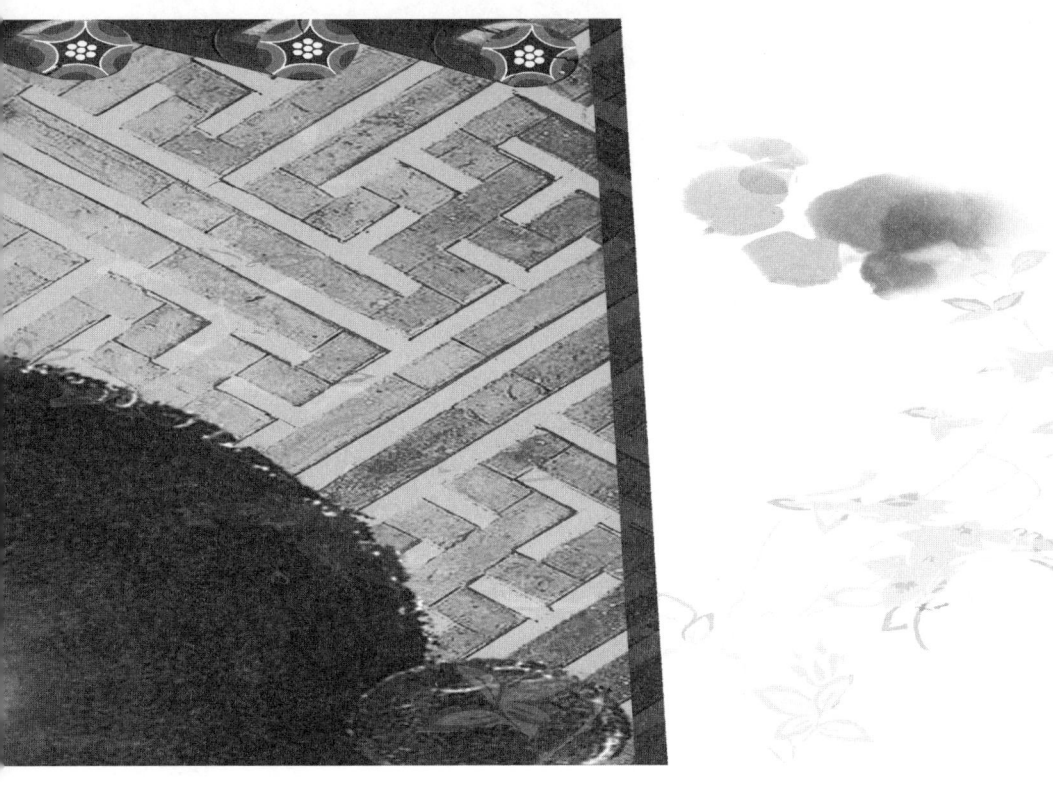

♧ 장흥길_ 장신대 교수, 독일 Erlangen 대학교(Dr.Theol), 저서 『신약성경윤리』 외

♧ 김진호_ 목사, 제3시대그리스도연구소 연구실장, 저서 『반신학의 미소』 외

♧ 김형민_ 호신대 교수, 독일뮌스터대학교((Dr.Theol), 공저 『행하는 그리스도인』 외

♧ 정원범_ 대전신대 교수, 장신대 대학원(Th.D), 저서 『현대 기독교 윤리학의 동향』외

♧ 김영동_ 장신대 교수, 독일 Humboldt 대학교(Dr.Theol), 저서 『교회를 살리는 선교학』

한국사회의 변화와 문화인식 패러다임의 변화

진행자 장흥길 교수 ● 장로회신학대학교 신약학

2004년 이래 해마다 학술대회를 열어 한국교회 문화선교의 가능성과 갈 길을 모색하며 학문적 연구와 대화에 앞장서 왔던 문화선교연구원이 세 번째로 2006년 11월 25일 하루 동안 대학로에 자리 잡은 동숭교회 세미나실을 빌어 '기독교문화와 한국문화'라는 주제로 가지고 '기독교문화 학술 심포지엄'을 개최하였다. 이 학술대회는, 한편으로는 우리나라에 전파된 기독교가 사회에 대한 영향력을 가지고 있지만, 다른 한편으로는 한국사회의 변화에 적절하게 대응하고 있지 못하다는 인식 아래 부족한 신학적 성찰을 채우고 신학적 대화의 수준을 제고하기 위하여 한국사회의 문화적 변화를 분석하고 이에 대한 한국교회의 선교적 문화 대응을 반성 · 평가 · 제안하기 위해 계획된 심포지엄이었다.

이러한 목적과 과제에 부합되게 제3회 '기독교문화 학술 심포지엄'의 첫 번째 부분은 '한국사회의 변화와 문화인식 패러다임의 변화'라는 주제에 집중되어 다루어졌다. 왜냐하면 한국사회와 문화인식의 변화에 대한 이해 없이는 한국사회와 문화에 합당한 기독교 선교가 이루어질 수 없기 때문이다. 이런 맥락에서 제3회 학술 심포지엄의 첫 번째 소주제인 '한국사회의 변화와 문화인식 패러다임의 변화'에 대하여 이를 평가할 수 있는 안목과 전문적 식견을 가진 전문가, 두 분이 발제하고, 그 발제에 대하여 다른 두 분의 신학자가 각각 논찬하였다. 첫 번째 발제자인 김진호 목사(제3시대 그리스도 연구소 연구실장)가 한국사회의 변화에 대한 신학적 평가의 스펙트럼을 '한국사회의 변화와 신학적 성찰성'이라는 제목으로 발제하고, 이 발제에 대하여 김형민 교수(호남신학대학교 기독교윤리)가 논찬하였다. 이어서 두 번째 발제는 정원범 교수(대전신학대학교 기독교윤리)가 "복음과 문화에 대한 한국교회의 인식 변화'라는 주제를 다룬 연구논문을 발표하고, 이 발제에 대하여 김영동 교수(장로회신학대학교 선교학)가 논찬하였다. 이 두 편의 연구논문 발제와 이에 대한 논찬을 요약하여 정리하면 다음과 같다.

첫 번째 발제를 살펴보면, 김진호 목사는 '한국사회의 변화와 신학적 성찰성'이라는 제하의 연구논문을 '1. 한국의 역사·문화적 변화를 성찰하는 신학적 담론 찾기', '2. 오늘 한국의 역사·문화적 변화 읽기', '3. 변화하는 시대, 신학의 길 찾기'로 나누어 전개하였다. 먼저, 발제자는 제1장 '한국의 역사·문화적 변화를 성찰하는 신학적 담론 찾기'에서 "한국의

역사·문화적 변화에 대한 지적 성찰을 내재화한 신학은 존
재하는가?"는 비판적인 질문으로써 과거의 한국신학이 역
사·문화적 콘텍스트를 등한시 했다는 문제 제기로부터 시작
하였다. 발제자는 역사·문화적 콘텍스트를 '해석의 주체가
텍스트와 만나는 지평'으로 이해하고, 이는 '역사·문화적 담
론의 네트워크' 형태로 존재한다고 본다. 이런 관점에서 발제
자는 기존의 서구신학은 텍스트와 콘텍스트를 이분법적으로
이해하는 '제국주의적 혐의'를 지니고 있다고 보고, 역사·문
화적 콘텍스트를 성찰한 신학적 담론을 이경재, 서남동, 안병
무의 신학에서 찾고자 한다. 곧 발제자는 "서남동의 신학이야
말로 한국의 상황과 복음 간의 변증법적 상호작용의 해석학
을 보여준 한국적 신학의 모범적 선례로 평가한 이경재의 진
단은 타당성이 있다."고 주장하고, 구체적인 한국적 신학하기
의 모범을 안병무의 '오클로스(민중)론적인 역사의 예수 이해'
에서 찾는다. 이어 제2장에서 발제자는 역사·문화적 콘텍스
트에 대한 신학적 성찰을 논하기 위해 '오늘 한국의 역사·
문화적 변화'를 80년대 말 이후의 세 가지로 지적한다. 곧,
'한국사회의 민주화', '서울 올림픽 개최와 함께 시작된 소비
자본주의', '동독과 소련 등 사회주의권 국가들의 몰락과 그
정치사회적 영향'이 그것이다. 끝으로, 발제자는 제3장에서 이
러한 우리 사회의 변화가 현대 한국사회에서 '고통의 메커니
즘'으로 재조직되고 있다고 판단하면서, 변화하는 오늘의 시
대에 역사·문화적 콘텍스트에 대한 신학적 성찰을 '세속적
성공주의'가 아니라 '고통에 대한 돌봄'에서 찾아야 한다고 역
설한다.

　　김진호 목사의 발제 논문에 대하여 논찬자 김형민 교수는 네 가지 점을 비평적으로 요약하여 지적한다. 첫째, 역사·문화적 콘텍스트가 '역사·문화적 담론의 네트워크' 형태로만 존재한다는 발제자의 해석학적 전제는 보편적 담론을 원초적으로 부인함으로써 사회적 합의를 거부하는 상대주의적 회의론에 빠질 위험이 있다. 둘째, 신학을 '주격(主格)의 신학'(대문자 신학)과 '속격(屬格)의 신학'(소문자 신학들)으로 구분하는 발제자의 이분법적인 신학적 분류는 기독교 신학에는 단 하나의 신학으로 통합될 수만은 없는 신학적 다원주의가 존재하기 때문에 수용하기 어렵다. 셋째, 발제자가 80년대 말 이후 한국사회의 변화 결과를 지나치게 비판적으로 본다. 마지막으로, 발제자는 한국의 기독교가 세속적 성공주의에 젖어 있어 교회의 문화가 '우생학적 원리에 따라 성공주의적 문화변혁론'로 변질되었다고 본다. 이렇게 논문을 비판적으로 요약한 다음, 논찬자는 발제자가 현대 교회의 문화목회를 지나치게 기능적 시각에서 평가한다고 보고, 교회를 연대적 사회관계로만 이해하는 발제자의 관점을 비판한다. 또 논찬자는 사회변혁에 대한 역사·문화적 성찰의 결과 전개되는 '상황의 신학'의 귀납법적 방법이 교회와 신학에 대한 보편적 주장에서 연역해내는 교의적 체제를 완전히 넘어설 수 없음도 지적한다.

　　두 번째 발제자 정원범 교수는 '한국문화와 한국교회의 관계유형의 변천사'라는 제하의 연구논문에서 한국교회가 지난 120여년의 개신교 역사 가운데 한국문화에 대해 어떻게 응답하며 대처해 왔는지를 모색하고자 하였다. 이러한 연구의 목적을 달성하기 위해 발제자는, 먼저, '복음과 교회와 문화'의 의미를 각각 밝히고, '복음과 문화의 관계 유형'을 살펴본 다음, '한국문화의 어제와 오늘'을 조사하고, 그 후 논문의 핵심인 '한국문화와 한국교회의 관계유형의 변천사'를 다루고 나서, 초기 한국교회의 문화와 사회 변혁적인 전통을 회복할 수 있는 유일한 길로 '기독교 복음의 정체성' 또는 하나님나라를 증언해야 하는 교회로서의 진정성을 회복하는 길을 주장한다.

세부적으로 논문을 요약하면, 발제자에게 복음이란 '예수 그리스도에 관한 메시지'로 '하나님 사랑에 대한 좋은 소식'이며, 교회란 '하나님나라의 가치를 실현하는 공동체'이고, 문화란, 타일러의 정의를 따라, '지식, 신념, 도덕, 습관 및 인간이 사회의 한 구성원으로서 획득한 어떤 능력과 습관들을 포함한 복합적 총체'이다. 이어서 발제자는 웨버를 지지하며 '복음과 문화의 관계 유형'을 '분리, 동일시, 변혁 모델'로 나누어 고려한다. 그리고 나서 한국의 종교문화를 무교문화와 유교문화로 나누어 그 각각에 대하여 기본사상과 특징을 다룬 다음, 오늘의 한국문화를 전통문화와 서구문화가 융합된 혼합문화로 이해한다. 이 연구의 중심인 '한국문화와 한국교회의 관계유형의 변천사' 단락에서 발제자는 조선 말기, 개화 초기 유교적 전통의 사회 질서에 영향을 미친 교회의 모습에서 '변혁유형의 한국교회'를, 1919년 3·1 만세운동의 좌절 경험에서 '분리유형' 교회의 시작을, 무교와 유교와 경제적 물량주의 문화에 동화된 교회의 모습에서 '동일시 유형'의 한국교회를 찾는다. 그런 다음, 발제자는 한국교회의 문화와 사회 변혁의 대안을 전통에서 발견하고자 시도하며, 그 방법을 기독교 복음의 정체성 회복 외에 다른 길이 없다고 서둘러 결론 짓는다.

논찬을 맡은 김영동 교수는 발제자의 전제를 '복음과 문화의 관계란 서로 영향을 주고받는 것'으로 밝히면서, 발제자의 논지를 "'복음은 문화와의 관계에서 비교우위'에 있어야 하고, 따라서 복음은 문화를 심판하고 변화시키는 문화초월적인 기능을 가진다는 것이다."로 요약한다. 그런 다음, 논찬자는 발제자의 발표 논문에 대하여 다섯 가지로 나누어 논평한다.

첫째, 발제자의 연구는 참된 문화변혁의 동력으로서 복음의 능력이 상실해 가고 있는 한국교회의 영성과 진정성을 고양한다. 둘째, 니버의 '문화를 변혁하는 그리스도'나 웨버의 '변혁유형'을 수용하는 것은 기본적으로 깔뱅 신학의 전통에 일치하는 것이지만, 다문화 현상이 고려되지 않은 분류 방식인 것을 감안할 때, 현대 서구문화의 영향으로 복합성을 지닌 한국문화와 한국교회의 관계성을 통시(通時)적으로만 보는 것은 문제가 있다. 셋째, 문화에 대하여 복음이 초(超)문화성, 반(反)문화성, 상황성, 교차문화성을 동시에 지니고 있다면, 한국교회와 문화의 관계를 한 가지 유형으로 해석하는 것은 복음의 '다문화적 해석학'에 적절하지 않다. 넷째, 한국교회의 영성을 온전하게 이해하려면, 신학적 차원과 함께 비교종교학적, 문화인류학적 차원도 고려되어야 한다. 마지막으로, 한국에서의 문화와 복음의 만남은 종교간 만남과 발전으로 볼 수 있으나, 한 문화권에서 다른 문화권으로 종교가 전파될 때 종교와 문화의 상호간의 침투와 교섭에 대한 후속 연구가 필요하다.

한국교회가 한국문화의 변화를 어느 정도 이해하고 인식하고 있는가? 또 한국교회가 이러한 한국문화의 변화에 대하여 얼마만큼 적절하게 대응하고 대처하고 있는가? 한국교회는 한국문화에 어느 정도의 영향력을 가지고 있으며, 효과를 미치고 있는가? 위에 언급된 두 발제자의 연구와 두 논찬자의 논평에 의하면, 이에 대한 대답은 그렇게 긍정적이지 않다. 김영동 교수도 지적하였지만, 한 가지 분명한 것은 현대 한국사회에서 복음과 문화의 관계성에 대한 집중적인 연구가 필요하다. 그 뿐만이 아니라 다문화적 상황에서 기독교 선교의 '상호 침투와 교섭'에 대한 후속 연구가 절실하게 요청된다.

한국사회의 변화와 신학적 성찰성

김진호 목사 ● 제3시대그리스도교연구소 연구실장

1. 한국의 역사문화적 변화를 성찰하는 신학적 담론 찾기

한국의 역사문화적 변화에 대한 지적 성찰을 내재화한 신학은 존재하는가? 이것은 역사문화적 콘텍스트가 신학의 내생적 요소(endogenous factor)인가 외생적 요소(exogenous factor)인가라는 해묵은 논의를 다시 점검하게 한다.

여기서 콘텍스트는 크게 세 가지 범주로 분류할 수 있음을 유념할 필요가 있다[1]: 문맥적 콘텍스트(콘텍스트 I), 매체적 콘텍스트(콘텍스트 II)[2], 역사문화적 콘텍스트(콘텍스트

---

[1] J. 슐테-자쎄 & R. 베르너, '기호분석과 문예학의 대상규정', 허창운 편저, 『현대문예학의 이해』(창작과 비평사, 1989), 55~65쪽 참조. 여기서 저자들은 네 가지 콘텍스트를 말하였는데, 나는 이를 위의 세 가지로 재정리하였다.

[2] 매체적 콘텍스트는 그 텍스트가 유통되는 '그릇'(미디어)이 무엇인가의 문제를 나타낸다. 가령, 성서적 텍스트가 구술로 전승되는가. 문자로 전승되는가의 문제는 텍스트를 수용하는 이들에게 다른 감각으로 의미화된다. 또 문자로 전승되는 경우에도 두루마리본, 코덱스본, 활판인쇄본, 그리고 전자매체본에 따라 그 수용 감각이 다르다.

Ⅲ). 이 중 '콘텍스트 Ⅰ'는 신학사적으로 텍스트 이해의 내생적 요소로서 중요하게 다루어져 온 반면,3) '콘텍스트 Ⅲ'은 거의 대체로 외생적 요소로 취급되어 왔다. 심지어 '콘텍스트 Ⅱ'는 콘텍스트의 한 범주로서 인식조차 되지 않았다고 해도 과언이 아니다.

이 글의 주제가 '콘텍스트 Ⅲ'과 관련되어 있으므로 이 세 번째 요소에 대해서만 이야기하면, 텍스트-콘텍스트 논쟁에서, 신학의 지배적인 역사문화적 토양인 서양사회는 콘텍스트라기보다는 그 자체가 이미 텍스트의 일부로서 받아들여졌다는 점을 주목해야 한다. 그것은 하나의 착시 현상이지만, 시공간 귀속성에 의존하지 않은 '탈국지적 신학'인 양 생각함으로써 서양신학은 당연히 '대문자 신학'(Theology)이라는 보편성을 획득할 수 있었고, 그 반대급부로 이러한 '보편성' 외부의 신학들(theologies)에 대해서는 부가어를 첨부하는 것을 당연시하게 된다. 또한 그러한 특수 지평의 신학들에 대해 혼합주의니 토착화니 하는 논의가 가능한 것도(순수성과 보편성으로 과대대표되는 서구신학에 대비하여) 비서구사회의 신학적 해석의 지평과 국한시켜 사고하게 된 탓이라고 할 수 있다. 그런 점에서 텍스트-콘텍스트에 대한 신학의 이분법적 인식은 제국주의적 혐의를 지울 수 없다.

그런데 콘텍스트 Ⅲ에 대한 신학의 몰인식과는 반대로, 현대 텍스트 이론에서 가장 핵심적인 논점이 바로 이 역사문화적 콘텍스트와 연관되어 있다는 점을 주목해야 한다. 왜냐하면, 역사문화적 콘텍스트는 해석의 주체가 텍스트와 만나는

---

3) 신학은 끊임없이 『성서』 속의 한 텍스트보다는 정전(Canon) 전체의 종합적 의미를 묻는 데 주목했다. 설사 그 종합적 의미라는 것이 실상은 바울 해석사에 좌우되어 왔더라도, 그것은 항상 '종합적'이라는 강박증을 통해 표출되었다.

지평으로서, '역사문화적 담론의 네트워크'(networks of historical-cultural discourses) 형태로 존재한다고 정의할 수 있기 때문이다.4) 다시 말하면 텍스트는 이 역사문화적 담론의 네트워크 밖에서는 해석자에게 독해될 수 없다는 것을 의미한다. 이러한 담론의 네트워크와 얽히지 않은 텍스트는 해석자에게는 존재하지 않는다는 것이다. 하여 이탈리아 문학 연구자로서 기호학자인 박상진의 말대로 "콘텍스트는 해석이 열리는 자리"인 셈이다.5)

문제는 역사문화적 담론의 네트워크가 결코 공정한 담론의 연계망을 형성하고 있지 않다는 데 있다. 특정한 담론이 보다 지배적인 위치를 점유하면서 다른 것을 식민화하려는 경향이 끊임없이 계속되고, 그러한 지배권을 둘러싼 담론간의 쟁투가 되풀이된다. 이때 지배적 담론의 자기 근거로 이해되는 텍스트를 흔히 정전(Canon)이라고 규정한다. 정전은 해석을 거부하는 텍스트다. 그것은 항상 '절대 원본'이며, 역사문화적 콘텍스트의 간섭을 받아 그 의미가 변형될 수 없는 것이라고 이해된다.

한데 정전을 통한 담론의 식민화 과정은 그것이 탄생한 공간의 영역을 넘어서 타공간으로 확장되려는 지향성을 갖는다. 이러한 정전의 문화횡단(transculturation)은 불가피하게 '해석'을 필요로 한다. 또한 이질적 문화간의 접촉이 단순히 문화적 변동을 야기시킨다는 가치중립적 표현인 문화접변

---

4) 해석의 주체가 마주치는 역사문화적 콘텍스트는 객관적 세계가 아니라 언어화된 세계다. 그것은 다양한 의미들이 서로 긴밀히 혹은 느슨히 연계되기도 하고 또 서로 경합하기도 하면서 엮이어 있는 네트워크 형태다. 그런 점에서 콘텍스트는 담론의 망(network of discourses)으로 존재한다고 할 수 있다.

5) 박상진, '콘텍스트의 이론: 데리다와 구조주의적 마르크스주의를 중심으로', 『현대문학이론연구』 20(2003), 197쪽.

(acculturation) 개념이 아니라 그러한 접촉 과정이 식민화를 동반하면서 전개되는 복잡한 문화현상을 함축하는 '문화횡단'이라는 표현에서 보듯이, 정전이 그 절대 원본성을 획득한 역사문화적 콘텍스트와는 다른 시공간적인 문화적 배경 아래서 벌어지는 해석의 상황은 다층적이고 갈등적이다.[6] 이러한 식민주의적인 문화횡단적 해석 상황을 묘사하기 위해 '번역'이라는 메타포(translation as a metaphor)가 즐겨 사용된다.

1920년대 초 발터 벤야민(Walter Benjamin)이 통찰한 것처럼, 번역된다는 것은 원본의 단순한 복제가 아니라 번역을 수행하는 언어의 역사문화적 콘텍스트와의 변증법적 상호과정을 통한 창조적 재의미화 과정이다.[7] 그런 점에서 번역한다는 것은 원본의 훼손이자 원본의 재창조다. 한데 이때 원본의 정전성을 강조한다는 것은 원본을 특권화하겠다는 것이며, 번역되는 언어의 역사문화적 콘텍스트와의 존재론적 얽힘 관계를 부정하겠다는 것이다. 즉 그것은 내생적 요소가 아니라 외생적 요소에 지나지 않는다고 주장하는 것이다. 요컨대 정전성을 지닌 원본의 번역은 이중의 존재론적 모순관계를 내포한다. 번역되는 순간 불가피하게 그 역사문화적 콘텍스트와 얽히게 되지만, 동시에 그러한 얽힘을 부정하지 않는 한 정전성은 유지될 수 없다. 그러므로 실제의 텍스트 이해는 콘텍스트

---

6) 존 크라니어스커스, '번역과 문화횡단 작업', 『흔적』 1(문화과학사 2001) 참조.

7) Walter Benjamin, "The Task of the Translator"(http://social.chass.ncsu.edu/wyrick/debclass/benja.htm). 이 글을 쓸 당시(1923년) 벤야민은 아직 그의 후기 사상에서 보이는 역사철학적 시각을 갖기보다는 낭만주의적인 형이상학적 순수언어에 더욱 의존하고 있다. 그러므로 피터 오스본이 벤야민의 번역이론을 그의 후기사상을 통해 재해석함으로써 번역에 관한 일반이론을 제시한 것처럼, 나 또한 그의 후기 사상을 통해 초기의 번역이론을 재규정하여 원본과 다른 역사문화적 콘텍스트간의 변증법적 상호과정을 번역이라는 메타포로써 말하고 있다. 피터 오스본, 「번역으로서의 모더니즘」, 『흔적』 1 참조.

Ⅲ의 지평에서 수행되고 그 간섭에 의해 다양한 영향을 받고
있음에도, 영향을 미칠 수는 있어도 영향을 받을 수는 없다고
주장하는 것, 그것이 바로 정전성의 신앙인 것이다.

　이 점은 서구신학이 한국사회에 번역되어 재신학화하는
과정에서 단적으로 드러난다. 앞서 말했듯이 서양신학은 '서
양'이라는 자신의 태생적 맥락과의 연관성을 부정함으로써 더
이상 서양신학(western theologies)이 아니라 '대문자 신
학'(Theology)이라는 단일 보편성을 획득하였다.8) 즉 신학은
서양신학이 정전화된 것을 의미한다.9) 그런 점에서 '본질로서
의 (서양)신학'이라는 생각은 지구화된 '신학이라는 광역의 장
(場, champ)'에서 갖는 일상적인 상념에 속하는 일종의 아비
투스(habitus, 습속)라고 할 수 있다.10) 이러한 아비투스는 신
학이라는 장의 게임룰의 형성에 깊이 관여되어 있다. 하여 신
학이라는 장의 행위자, 즉 신학자는 서양신학을 본질로서의
신학, 단일 보편성의 신학적 실체로 이해하고 게임에 임할 때,
이 장이 제공하는 종교자본의 배분에 보다 유리한 위치를 확

---

8) 개념사가(概念史家) 라인하르트 코젤렉(Reinhart Koselleck)에 의하면, 서양 사상의 개
　념사에서 이러한 단일 보편적 개념화를 통해 주체가 형성된 것은 서양 근대 사유의
　특징에 속한다. 그런 점에서, 비록 코젤렉은 신학이라는 단어에 얽힌 개념사에 대해
　말하고 있지는 않지만, 이 역시 근대 서양의 일반적 자기 이해의 맥락에서 확정된 것
　이라고 보는 게 타당할듯 싶다.

9) 나는 이러한 관점에서 '정전'으로서의 『성서』가 근대적 현상임을 연구한 바 있다. 김진
　호, 「탈정전적 성서 읽기의 모색」, 『반신학의 미소』 (삼인, 2001).

10) 여기서 '장'과 '아비투스'는 부르디외(Pierre Bourdieu)의 용어를 빌려온 것이다. 또한
　나는 앞의 역사문화적 콘텍스트를 논의할 때 부르디외의 장 개념을 염두에 두면서
　이야기하였다. 이에 대하여는 이상길의 논문 「장 이론: 구조, 문제들, 그리고 난점들
　」(『문화와 계급: 부르디외와 한국사회』, 동문선, 2002)을 참조하라. 또한 그의 장과
　아비투스 개념을 한국 기독교의 형성에 관한 문화적 접근 방법으로 활용한 것으로,
　최종철, 「한국 개신교 문화의 형성에 대한 사회학적 고찰(1)~(2): 삐에르 부르디외의
　문화사회학 이론의 한국적 적용」, 『기독교사상』 (1996.2&3)을 참조하라.

보하게 된다.

그러므로 이러한 신학의 장에서 그 장의 감각체계를 내면
화하는 신학자들은 당연히 한국의 역사문화적 콘텍스트를 신
학의 내생적 요소로서 보지 않는다. 그 콘텍스트가 신학이라
는 텍스트를 보는/해석하는 토양이 된다기보다는 오히려, 신
학이라는 정전적 텍스트가 한국사회를 규율하고 교화하는 일
방적 주체가 되어야 한다는 신념을 갖게 되는 것이다. 이는
신학적 담론들이 역사문화적 콘텍스트를 다룰 때조차, 경험지
평에 대한 주의 깊은 연구보다는, 대문자 (서양)신학이 패러다
임화한 모델들을 먼저 주목하려는 경향과 맞물린다. 이때 그
모델들은 단순히 사회문화적 연구의 도구가 아니라는 점을 유
념해야 한다. 그 속에는 우리의 경험 세계인 역사문화적 콘텍
스트라는 '야생의 실재'11)를 길들이기 위해 대문자 신학이라는
서구적 텍스트가 필요하다는 무의식적 식민주의가 암암리에
깔려 있다.

이 점에서 이경재가 상황과 복음간의 관계를 다섯 가지로
분류하고, 이중 세 유형 속에 한국신학들을 배치한 유형학이
우리의 주목을 끈다. 여기서 '복음'은 서구신학이 바탕에 깔린
신앙적 담론화를 의미한다. 한편 '상황'은 '복음'이 수용되는
단순한 공간이 아니다. 그것은 복음과 함께 한국신학을 구성
하는 변증법적 요소인 것이다. 즉 그는 한국신학을 형성하는
데 있어 복음과 상황이라는 두 개의 해석학적 요소를 고려하
고 있는 것이다. 그런 의미에서 상황은, 나의 용어로 표현하

---

11) '야생의 실재'라는 표현을 쓴 것은, 우리의 역사문화적 콘텍스트에 대한 사회학적, 인
   문학적 연구가 충분치 않아 담론화의 결핍이 있다는 뜻이기도 하고, 그러한 결핍에도
   불구하고 그리 많지 않은 연구성과들에 대해 무관심한 채 마치 무정형의 영역처럼 바
   라보고 서구신학의 사회구성 모델에 더욱 주목하는 신학자의 일상적 시선을 암시하는
   것이기도 하다.

면, 역사문화적 콘텍스트와 유사한 함의를 갖는다. 아래 표1은 그의 유형학을 도표화한 것이다.

여기에서 보듯이 이경재는 한국신학을 '선교신학'과 '창조신학'으로 이분화하는데, 선교신학이 역사문화적 콘텍스트의 내재성을 부정하고, '대문자 신학'인 텍스트에 의한 식민주의적 문화횡단을 지향하는 신학적 담론을 의미한다면, 창조신학은 식민주의적 문화횡단의 신학적 담론에 대항하는 대안적 신학화를 가리킨다. 그러므로 전자가 정전의 번역으로서의 신학이라면, 후자는 신학이라는 텍스트의 정전성을 해체하고, 재창조로서의 번역, 새로운 해석으로서의 신학을 지향하는 것이라고 할 수 있다.

[표 1] 이경제의 '복음—상황' 유형론과 한국신학들

I	'복음(상황)': 복음 지상주의	김이환 박아론 등의 장로교 신학	
II	'복음>상황': 복음 우월주의	복음주의적 번역론(윤성범)	선교신학
		복음주의적 성취론(유동식)	
		복음주의적 변형론(박봉배)	
III	'복음=상황': 세속화와 세속주의		비신학
IV	복음<상황: 역사주의적 상대주의		
V	(복음)상황: 탈식민주의	종교상황적 창조신학(변선환)	창조신학
		역사상황적 창조신학(서남동)	

그러므로 선교신학으로 분류된 두 유형에서, 그것이 복음 지상주의든 복음 우월주의든, 한국의 역사문화적 콘텍스트에 대한 지적 성찰을 내재화한 신학적 모색은 발견될 수 없다. 역사문화적 콘텍스트를 다룰 때도 그것은 단지 복음화를 위한 도구적 지평이거나 규율의 대상으로서 고려될 뿐, 역사문화적 콘텍스트가 복음을 검열하는 요소일 수 없다는 믿음이 전제되어 있다. 그런 점에서 복음 혹은 그것의 신학적 담론화인 대문자 신학의 담론 전략은 한 마디로 '탈문화화(deculturation)'라고 할 수 있다.

한편 이경재는 창조신학을 다시 둘로 나누어 이야기하는데, 변선환에 의해 모색된 '종교상황적 모델'과 서남동에 의해 모색된 '역사상황적 모델'이 그것이다. 여기서 그는 종교상황적 모델은 한국적 패러다임 형성을 위한 불충분한 담론임을 언급한다. 그것은 '복음>상황'이라는 전제를 '복음<(종교)상황'의 방식으로 단순 전도시킨 것에 지나지 않을 뿐, 새로운 패러다임을 함축하고 있다고 볼 수 없기 때문이라는 것이다. 그럼에도, 위의 표에서 보듯, 이경재가 변선환의 신학을 Ⅳ로 분류하지 않은 것은, 아마도 그가 근대성 일반을 다룬 것이 아니라 구체적으로 한국 종교를 다루고 있기 때문이 아닐까 한다.

이러한 나의 억측은 이경재의 논의에 대한 나의 이해력을 무력화시킨다. 반면 나 또한 변선환의 담론 방식에 대해 좀 다른 관점에서 문제의식을 갖고 있는데, 그것은 그의 이른바 '타종교의 신학'이 과연 역사문화적 콘텍스트를 적절하게 다루고 있는지 혹은 다룰 가능성을 내재하고 있는지에 대한 의문이다.

그에게서 '타종교성'은, 이경재가 잘 간파하고 있듯이, 복

음을 규제하는 한국적 콘텍스트에 속한다. 그러므로 타종교의
신학은 서구신학이라는 텍스트와 타종교성이라는 역사문화적
콘텍스트 사이의 변증법적인 대화 상황의 과정을 통해 재텍스
트화된 것으로 형성되는 것이다.

그러나 변선환에게서 타종교성이 관찰되는 지점은 항상
신조의 차원에 머문다. 그런데 역사문화적 맥락에서 종교성이
과연 신조에 국한되는가? 오늘날 사회 연구는 크게 세 가지
차원에서 접근하고 있다고 볼 수 있는데, 담론의 차원, 실천의
차원, 그리고 제도의 차원이 그것이다. 이 세 범주는 서로 연
계되지만, 각각 논의의 초점이 다른데, 담론은 '말'을 초점으로
하고, 실천은 실연된 '행위'를, 그리고 제도는 행위자와 구조의
네트워크에 초점을 둔다. 그리고 이 범주들 각각의 외연은 다
른 범주들의 논의들을 포함한다. 그러므로 셋 중 어느 것을
주목하느냐의 문제는 방법적이고 인식론적인 것이지, 다른 것
이 간과된다는 뜻은 아니다. 그런데 변선환이 주목하는 '신조'
는 말에 초점이 있지만, 제도와 실천 등의 연관성까지도 함축
하는 담론 연구의 차원에서 볼 때 너무 협소한 시각에 갇혀
있다. 요컨대 변선환의 연구는 역사문화적 콘텍스트와 신학
간의 변증법적 대화 과정을 고려하고 있기는 하지만, 접근방
식에서 보다 많은 보완을 필요로 한다.

이 점에서 서남동의 '두 이야기의 합류'라는 변증법적 메
타포는 범례가 될 만한 인식의 틀을 제공해준다.12) 성서의 민
중 전통과 한국사회의 민중 전통 간의 대화구조에 관한 언급
이다. 그는 이 두 전통을 텍스트와 콘텍스트라고 하는 대신에
전거(refreences)라고 부르는데, 그것은 한국신학은 정전으로
서의 대문자 신학의 반복이 아니라 새로운 창조적 담론이어야

---

12) 서남동, '두 이야기의 합류', 『민중신학의 탐구』 (한길사, 1983) 참조.

함을 명시한 것이다. 즉 그에게서 정전은 없으며, 다만 해석을 위한 레퍼런스에 불과하다.

두 이야기 각각에서 민중 전통을 읽어내고 그것을 합류시키기 위한 방법을 그는 '성령론적 공시적 해석'이라고 이름 붙인다. '성령론적'이라는 표현은 지배적인 담론의 전통이 해석 상황을 지배하는 가다머류의 해석학과는 구별되는, 일종의 '의심의 해석학'에 가까운 문제의식을 담고 있다. 성서 속에서나 교회 역사 속에서 발전된 다른 어떤 개념보다 한층 더 '위반'의 기조를 강하게 담고 있는 기표로서 성령이 활용되고 있다는 것을 감안한 주장이라고 할 수 있다. 한편 '공시적'이라는 말은, 텍스트라고 하든 전거라고 하든, 해석의 대상인 성서와 신학의 발생맥락보다는 해석자의 수용맥락을 중시한다는 주장을 함축한다.13) 이렇게 서남동의 성령론적 공시적 해석은 신학적 담론 전통의 서구 중심주의, 그 반해석학적 정전주의에 대한 급진적 비판의 기조를 담고 있다.

심지어 그는 텍스트와 콘텍스트를 전도시켜 신학이나 성서를 콘텍스트라고 하고, 한국의 역사문화적 콘텍스트를 텍스트라고까지 말하기도 한다. 이것은 일종의 말장난이겠지만, 그의 글쓰기에서 어느 정도 실행에 옮겨지고 있기도 하다. 가령 그의 글 '한(恨)의 형상화와 그 신학적 성찰'이나 '소리의 내력', '민담에 관한 탈신학적 고찰', 그리고 '민담의 신학—반신학'14) 등에서 보듯 그가 이야기하는 많은 텍스트들은 한국의 설화들이거나 그와 동시대의 민중의 이야기이고, 성서의 설화는 극히 제한적이다. 서술방식도 모든 설화들을 병행적으로

---

13) 최형묵, '민중해방의 정치와 '합류'의 해석학—서남동의 『민중신학의 탐구』 다시 읽기', 「진보평론」, 14(2002 겨울) 참조.

14) 이 글들은 모두 『민중신학의 탐구』에 수록되어 있다.

언급하여, 성서나 신학이 전체를 정리하면서 다른 것들을 포섭하는 상투적인 방식이 지양되고 있다.

한편 그가 성령론적 해석을 주장한다고 해서, 논리적 인과성 자체를 부정하는 것은 아니다. '성령론적'이라는 수사어는 위에서 말한 것처럼 서구적 기독교의 자기중심주의에 대한 문제제기이지, 그 속에 함축된 합리주의적 방법론까지를 비판하고자 함은 아니었다. 따라서 그는 당시 서구신학의 비주류로서 활발하게 활동하던 쇼트로프 부부(Luise & Billy Schottroff), 슈테게만(Wolfgang Stegemann), 갓월드(Norman K. Gottwald) 등의 급진적 성서연구자들을 인용하면서, 그들의 연구방법을 시사하는 사회경제사적 방법과 문학사회학적 방법을 전거의 해석에 활용하자고 제안한다.15) 사실 그 자신이 인정하고 있듯이 그는 이러한 연구방법에 대해 잘 알고 있지 못하다. 또한 연구사적으로 이 해석의 도구들의 폭넓은 스펙트럼을 감안할 때 이 주장이 얼마나 애매한 것인지에 대해서도 그는 잘 알고 있지 못한 것으로 보인다. 나아가 위의 '성령론적'이라는 방법론에 관한 지시어와 이 두 방법이 어떻게 연관되는지에 대해서도 당연히 그는 말할 수 없었다. 그럼에도 그는 '전거'를 해석하기 위해 서양의 연구방법들을 선택적으로 수용하고 있다. 그것은 이런 방법을 활용한 연구자들이 한결같이 성서에서 '민중'에 대한 체제의 억압과 이에 대한 민중의 저항을 발견하고 있다는 점을 그가 주목하였음을 의미한다. 요컨대 그는 전거를 '민중적으로' 해석하고자 한다. 그리고 그러한 해석적 지향의 배후에는, 동시대적 문제의식(공시성)이 깔려 있다.

이러한 동시대적 문제의식은 한국인 신학자로서는 드물게

---

15) 「두 이야기의 합류」 48쪽.

한국의 사회 현장에 대한 사회학적 정보들을 신학적 서술에 활용하는 데로 이어진다. 그는 주로 르포 기사, 신문기사, 일부 연구서들을 이용하여 민중 현실을 분석함으로써 한국의 역사문화적 콘텍스트를 신학화하고 있는 것이다.16)

그런 점에서 서남동의 신학이야말로 한국의 상황과 복음 간의 변증법적 상호작용의 해석학을 보여준 한국적 신학의 모범적인 선례로 평가한 이경재의 진단은 타당성이 있다. 비로소 한국의 역사문화적 콘텍스트는 신학의 내재적 요소로서 작용하고 있는 것이다. 그는 한국의 역사문화적 콘텍스트를 말하기 위해 먼저 서양신학이나 사회이론의 패러다임을 물은 것이 아니라, 먼저 신문기사, 르포르타주, 각종 통계 등을 보았다. 그는 연구방법을 활용할 수는 없었지만, 먼저 현장의 이야기를 경청하고 그것에 감정이입하였던 것이다. 물론 그가 비록 사회경제사적 방법이나 문학사회학 등을 언급했으나, 그것은 서양 신학자들의 전거 해석 작업을 선택적으로 수용하는 준거였지, 자신의 방법은 아직 아니었다. 그런 점에서 그의 논의는 하나의 모범적 방식을 보여주는 사례로서 평가하기에는 미완성적이지만, 모범적 시도로서 평가하기에는 충분한 가치가 있다.

한편 나는 서남동에 비해 논의는 덜 체계적이지만, 그의 선언적 주장에 비해 좀더 구체적인 한국적 신학하기의 모범을

---

16) 그의 말기 저술인 「빈곤의 사회학과 빈곤의 신학」(『민중신학의 탐구』에 수록)에서 한국의 역사문화적 콘텍스트를 이야기하는 것이 곧 신학적 서술이 되는, 새로운 신학하기의 기술(記述) 방법의 가능성이 제시된다. 하지만 이러한 서술을 좀 더 발전시키기 전에 그는 세상을 떠났다. 이후 제 2세대 민중신학자들은 자신들의 새로운 신학적 문제의식이자 주요 의제인 '과학적 현실분석'과 '이데올로기 선택' 주장의 결정적인 전거로서 서남동의 이 글을 주목하며, 그러한 관점에서 서남동 읽기를 조직하고자 한다. 강원돈, '서남동의 신학'(한국문화신학회 2005년 가을 학술대회 발표글<2005.11.25>) 참조.

안병무의 작업에서 발견할 수 있다고 본다.

안병무의 가장 대표적인 신학적 모색이 '역사의 예수' 연구라고 하는 데 이의를 드는 이는 없을 것이다. 한데 그의 예수 연구의 방법론적 핵심이 '오클로스론'이라는 점을 주목하는 이는 거의 없다. 나는 그의 오클로스론이 그의 예수 연구방법을 특징짓는 가장 주요한 틀이고, 또한 그것이 매우 독창적인 방식이며, 나아가 그러한 연구방법의 고안에 그 자신이 이해하는 한국적인 역사문화적 맥락이 긴밀히 개입되어 있음을 주장하고자 한다. 이는 다른 글17)에서 상세히 말한 것이므로, 여기서는 그 논의를 이 글의 구성에 맞게 간략히 재요약하는 것으로 대체하겠다.

우선 안병무의 오클로스론은 역사의 예수를 묻는 주요 자료로 Q 자료가 아니라 마르코복음을 주목하였다. 아래 표는 그의 오클로스론의 연구 영역과 내용을 함축적으로 보여준다.

[표2] 예수 전승의 두 계보

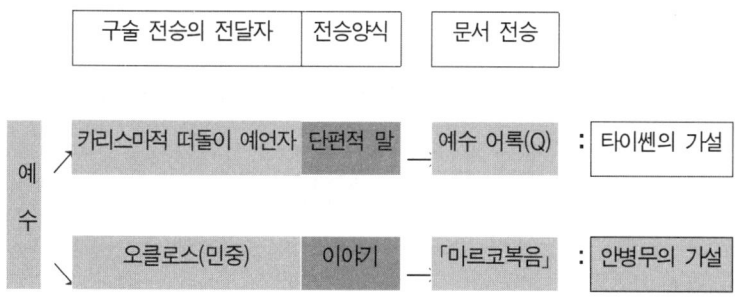

---

17) 나의 책 『예수 역사학—예수로 예수를 넘기 위하여』(다산글방, 2000)의 4장과 『죽은 민중의 시대, 안병무를 다시 본다』(삼인, 2006)에 실린 최근의 나의 글들인 「이름을 불러주기까지 그들은 꽃이 아니었다—안병무의 '오클로스론' 다시 읽기」와 「두 개의 복음, 민중이 은폐된 예수와 민중이 전한 예수」 참조.

이 표에서 반드시 주지해야 하는 것은 예수에 관한 가장 오래된 전승이 '구술 형태'였다는 점에 있다.18) 여기서 구술 전승의 주체를 안병무는 오클로스라고 보는 것이다. 이들은, 다가와 겐조(田川建三)의 연구에 의하면,19) 유대사회의 대중 일반이라기보다는 좀 더 구체적인 대상으로 일종의 '천민적 존재'를 가리킨다. 안병무는 다가와의 견해를 보다 예각화된 의미로 재해석하여 '귀속성을 박탈당한 존재'로 규정한다. 그는 다가와의 해석에 간접적으로 접하면서,20) 그 자신의 동시대의 대중, 특히 급격한 산업화의 과정에서 비자발적으로 시골에서 도시로 이주해 와서 도시빈민층을 형성한 이들을 상상했다. 준거집단에서 떠나야 했던 그들에게 고향은 그리워해야 할 대상일 뿐이며, 그들 자신들이 실제 밟고 있는 생활공간은 존재의 뿌리가 박탈된 곳인 것이다. 그런 점에서 그들이 겪는 가난의 고통은 부모와 조상의 땅에서 겪은 그것과는 사뭇 다르다. 뿌리 뽑힌 이, 준거집단을 상실한 이, 그들 자신의 영적인 동조집단(부모 혹은 조상)이 사라진 이, 그런 이들이 겪는 고통의 신랄함을 기억하며 안병무는 오클로스를 예수의 대중으로 이해한다.

그들은 예수 주위의 대중이다. 하지만 그것만이 아니다.

---

18) 최근의 북미의 연구들은 예수 전승 연구에서 Q 자료를 주목하는데, 그들 대다수는 그것의 문헌성에서 연구의 실마리를 발견하고 있다는 점에서 구술에 주목하는 안병무나 타이쎈의 논의와는 차별화된다.

19) 田川建三, 김명식 옮김, 『마가복음과 민중 해방—원시그리스도교 연구』(사계절, 1983) 참조.

20) 안병무는 다가와의 책을 보지 못했다고 말했다. 그럼에도 그의 오클로스론은 다가와의 선행연구와 매우 비슷하다. 아마도 그 무렵 주19)에서 인용한 다가와 저서를 서남동 등으로부터 듣고 알게 되었지 않았을까 추정한다. 물론 안병무는 일본어를 잘 읽을 줄 안다. 하지만 안병무의 '읽지 않았다'는 평소의 말을 익숙히 알고 있는 나로서는 그것이 간접적인 접촉의 결과라고 판단한다.

예수의 말과 행위, 그의 사건을 전한 이는 다름 아닌 이들 오
클로스였다. 여기서 안병무는 서양 성서학의 뿌리 깊은 인식
론적 전제인 주객도식을 문제시한다. 그들은 예수만을 물을
뿐, 그의 대중은 단지 수동적인 배경에 지나지 않는 것으로
취급한다. 반면에 안병무는 누군가가 전달자라는 것은 자신의
삶, 바람, 욕망 등과 분리할 수 없이 얽혀 있는 것을 의미한다
는 타이쎈의 구술 연구의 논의를 수용한다. 그러므로 예수라
는 텍스트와 전달자라는 콘텍스트는 의미형성 과정에서 상호
작용하고 있으며, 여기서 오클로스의 이야기를 담고 있는 마
르코복음의 예수 텍스트는 예수에 대한 해석이 아니라 예수와
오클로스에 관한 해석인 것이다.

    그런데 여기에 하나 더 언급할 것은 마르코복음이라는 책
을 통해 예수 이야기를 듣는 청중은 누구인가의 문제다. 안병
무는 다가와의 해석을 수용하여 오클로스가 바로 그들이라고
본다. 설교학은 '청중의 예비검열'이라는 커뮤니케이션학의 성
과를 신학 내에서 가장 먼저 수용했다. 그런데 안병무는 성서
학에서 이러한 예비검열을 통해 지식인 저술가의 작업 속에
청중인 오클로스가 개입하여 예수-오클로스의 이야기가 구성
된 것임을 밝히고 있다.21) 여기서 그는 다가와가 미처 생각하
지 못한 독창적인 역사학적 상상력을 펼치는데, 마르코복음의
예수-오클로스의 이야기가 예수 당대의 예수-오클로스의 이
야기를 가장 잘 담아내고 있다는 결론에 이르게 된 것이다.
그것은 마르코복음과 예수라는 두 텍스트의 역사문화적 상황
이 오클로스의 고통이라는 관점에서 연계되고 있다는 데서 유

---

21) 안병무 자신은 청중의 예비검열이라는 용어를 알지 못했다. 다만 그는 상상력을 통해
    동일한 문제의식을 담은 관점을 드러낸 것이다.

래한 주장이다. 즉, 고통의 동질성이 기억의 동질성을 낳았다는 것이다. 그러므로 마르코복음을 통해 예수를 읽는 역사학적 알리바이가 설명된 것이다.

그리고 그는 이러한 문제의식을 그 자신의 동시대와 다시 연계시킨다. 전태일에 의해 폭로된 한국 민중의 고통을 오클로스의 고통으로 읽어내면서, 이제는 시공간을 달리하는 세 개의 텍스트(예수, 생성 당시의 마르코복음, 오늘날의 마르코복음)의 연계성을 주장하는 데로 이른다. 그것은 세 텍스트의 역사문화적 콘텍스트의 동질성에 대한 그의 관점에서 도출된 것이다.

이와 같이 안병무의 오클로스론은 성서 및 신학 텍스트와 한국의 역사문화적 콘텍스트 사이의 상호작용에서 텍스트의 재해석으로 이어지는 틀을 가지고 있다는 점에서 훌륭한 한국적 신학의 범례가 된다고 보는 것이다.

이와 같이 서남동 안병무의 신학은 한국사회의 역사문화적 콘텍스트와 깊이 연루되어 있다. 그런데 앞에서 언급한 것처럼, 역사문화적 콘텍스트는 담론의 네트워크 형태로 존재한다. 이 두 신학자처럼 비주류의 저항담론이 자리 잡는 곳도 바로 여기다.

[표3] 안병무의 오클로스론의 텍스트-콘텍스트

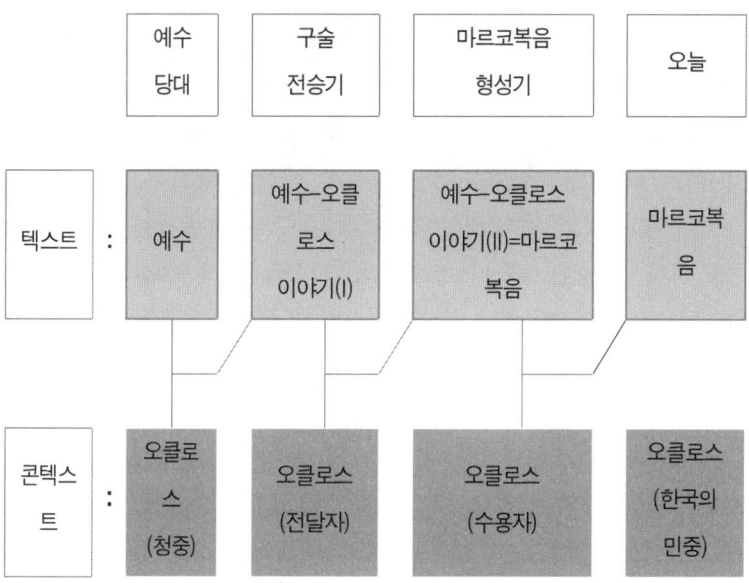

여기에는 그들이 경험하는 세계에 대한 나름의 관찰이 함축되어 있으며, 경험하고 관찰한 그것을 읽기 위해 그 세계를 다루는 여러 담론들과 선택적인 대화를 모색한다. 그리하여 저항담론으로서의 서남동과 안병무의 신학이라는 재해석된 텍스트가 생성되는 것이다.

그런데 여기서 주지할 것은, '선택적인 대화'라는 점과 관련되어 있다. 서남동(~1984)은 1980년대적 비판담론이 활성화되기 이전에 삶을 마무리했지만, 안병무(~1996)는 1980년대적 비판담론의 활황과 몰락을 다 체험하였다. 그러므로 안병무의 신학 속에서 우리는 1980년대 이후의 경험과 담론이 접맥되는 측면들을 관찰할 수 있다. 하지만 그럼에도 안병무의 신학을 가장 특징적으로 나타내는 콘텍스트 이해는 1970년대적 비판담론들과 깊은 연관성을 갖는다. 그런 점에서 그의 신학을 시기를 구분하면서 세세하게 논할 때는 좀 더 세밀한 측면을 읽어내는 것이 필요하지만, 통전적으로 그를 얘기할 때는 그의 신학을 1970년대적 비판담론의 맥락 속에서 이해할 필요가 있다.

　　1980년대적 신학을 논하는 데는 주로 민중신학의 제2세대에 의해 수행된 마르크스주의적 연구들을 주목할 필요가 있다. 하지만 역사문화적 콘텍스트와 민중신학의 1980년대적 경향을 논하는 것은 민중신학 연구자들에 의해 이미 많이 수행된 바 있고, 또 이 글에서 보다 강조하고자 하는 것이 오늘 우리의 시대 맥락이라는 점에서 여기서는 논의를 생략한다.

2. 오늘 한국의 역사문화적 변화 읽기

　　오늘 한국의 역사문화적 콘텍스트에 대한 신학적 성찰을 논하려면 우리의 경험 세계에 대한 논의가 필요하다. 그런데 우리가 경험하는 시대를 이 글은 '변화'의 시각에서 보고자 한다. 어떤 사회든 그리고 어느 시기든 지속의 측면과 단절의 측면은 항상 존재한다. 그런데 어느 시기는 지속에 보다 주목하는 반면, 또 어느 시기는 단절에 관한 감각이 좀 더 예각화된다. 여기서 단절에 대한 감각을 학문적으로 논의하는 과정에서 시기구분론이 발전하게 된다. 한국사회에서 시기구분을 통해 역사문화적 콘텍스트와 신학 담론간의 연계구조를 논한 것은 최종철과, 그리고 민중신학자인 최형묵과 김진호에게서 발견된다.

최종철[22]은 한국에 개신교가 들어온 시기부터 현재까지를 세 시기(기독교 전래 이후부터 식민지 시대까지를 1기, 해방기부터 1960년대까지 2기, 그리고 1970년대 이후를 3기)로 나누는 광역의 시기구분을 하고 있는데, 그의 관심은 한국기독교의 정치문화와 일상문화[23]가 이 시기에 어떻게 변화 혹은 지속되었는지에 있다. 그는 한국 전래의 종교문화의 특징을 현세적 공리주의와 정교합일주의라고 보고, 그것이 기독교 전래 시기부터 오늘에 이르기까지 신앙에 어떻게 관철되었는지를 조명한다. 특히 이러한 토착화의 양상이 근본주의와 자유주의로 분류된 두 신학적 성향체계와 어떻게 결합되면서 구현되었는지를 각각 정치문화와 일상문화로 나누어서 찾는다. 그런데 정치문화는 1기에서 2기로 이어지면서 지속적으로 확대 재생산되다가 3기에 이르면서 다소간의 변화를 겪게 되는 반면, 일상문화는 시대구분과 관계없이 지속된다고 그는 주장한다.

이러한 관점에서 보면 그의 시기구분은 그의 논지와 긴밀히 결합되어 있지 않다. 만약 그의 논지와 결합시키려면 두 시기로 나누거나 아예 시기구분을 하지 않는 게 타당하다. 아마도 한국 근대사의 상식을 따라 나누어 보면서 기독교 신앙문화의 전개를 보려고 한 것이 아닐까 한다.

한편 최형묵과 김진호는 민중신학의 시기구분론에 국한된 것으로, 시기를 1970년대부터 지금까지만을 다루는데, 각각 1970년대, 80년대, 90년 이후로 삼분하여 신학과 역사문화적

---

22) 최종철, '한국 개신교 문화의 형성에 대한 사회학적 고찰(1)~(2): 삐에르 부르디외의 문화사회학 이론의 한국적 적용' 참조.

23) 그는 이를 상징체계와 관련된 '생활문화'와 미학적 체계와 관련된 '표출적 문화'로 나누어서 설명한다.

콘텍스트와의 연계를 논하고 있다.24) 이 분류방식에 따르면,
'오늘'에 해당하는 시기는 1990년대 이후를 말한다. 이렇게 시
기구분을 하는 근거는 다음의 시간적 요소들을 계기적 사건으
로 이해하고 있기 때문이다.

첫째, 1987년 이후 한국사회는 '권위주의 시대'에서 '민주
화 시대'로 이행했다. 이는 사회제도나 일상이 조직되는 방식
등에서 중대한 변화를 의미했다.25)
둘째, 1988년 올림픽은 한국사회의 산업화 양식의 유의미
한 변화를 가져왔다. 즉 소비자본주의가 바로 시기 이후 본격
화된다는 것이다.26)
셋째, 1989년 이후 동독과 소련 등 사회주의권 국가들이
몰락하면서 한국사회의 1980년대를 풍미했던 이른바 '동구 마
르크스주의적 변혁이론'의 설득력이 상실되었다. 또한 이는 냉
전적 국제정세 하에서 산업화의 기회를 맞았던 한국사회가 탈

---

24) 최형묵, 「민중신학의 고유성과 그 전개」, 『보이지 않는 손이 보이지 않는 것은 그 손
이 없기 때문이다』 (다산글방, 1999); 김진호, '한국사회의 근대성과 민중신학의 세대
론적 전개를 위하여', 『시대와 민중신학7: 한국 기독교, 그 어두운 자화상』 (다산글방,
2002) 참조.

25) 이러한 견해는 일반화된 것이지만, 최장집에게도 가장 명쾌한 논의를 볼 수 있다. 최
장집, 『민주화 이후의 민주주의—한국민주주의의 보수적 기원과 위기』 (후마니타스,
2002) 참조. 한편 이러한 민주화라는 규정 요인을 중요시하면서 한국사회의 변화를 논
의하려는 시도들이 있는데, 이런 관점에 따라 오늘의 시대를 '1987 체제'라고 명명하
기도 한다. '1987년 체제'라는 명칭은 박형준(동아대 사회학과 교수)이 제기한 관점으
로, 『당대비평』이 24호(2004년 겨울)에서 특집 '겨울 길목, 1987 체제라는 희망의 덫'이
라는 주제로 먼저 다루었고, 「창작과 비평」이 130호(2005년 겨울) 특집 '1987년 체
제의 극복을 위하여'라는 주제 아래서 다소 다른 관점에서 체계화를 시도한 바 있다.

26) 소비자본주의로의 변화를 논하는 많은 연구자들이 있는데, 그 계기적 시기를 1988년으
로 보는 것은 최홍준의 탁월한 논문에 의존한 것이다. 최홍준, '1980년대 후반 이후
문화과정의 정치경제적 조건과 도시적 경험에 관한 연구'(서울대학교 환경대학원 환경
계획학과 석사학위 논문. 1993.8) 참조.

냉전 시대의 새로운 발전모델에 적응해야 하는 상황을 맞게
되었음을 의미한다. 오늘 우리의 사회를 '위기의 일상화'로 주
장하는 배후에는 이러한 국제정치경제적 변화에 따른 산업화
의 위기가 있다.27) 특히 국제정치경제적 변화의 중심에는 급
속한 지구화의 엄습이 있다.

　이러한 세 가지 계기적 사건들을 경유하면서, 1990년대
이후 한국사회는 제도적이든 담론적이든 급격한 변화를 맞고
있다.28) 우선 민주화는 과거 단일 주체의 '슈퍼개인'에 의해
조직되었던 사회구조가 해체되고 다중적 주체들에 의한 사회
로 재편되는 과정을 함축하는 표현이다. 한데 이러한 다중적
주체화 과정에서 누가 주체로 부상하느냐의 문제와 그렇게 부
상한 주체들이 어떠한 권위적 자원을 획득하느냐의 문제가 재
구조화의 중요한 현안이 되면서 복잡한 갈등과 경합이 벌어진
다. 이러한 주체화를 '국민의 시민화'라고 규정할 수 있다. 이
때 국민이 전체주의적 국가에 위탁된 수동적인 신체들의 집합
적 표상을 의미한다면, 시민은 국가에 귀속되어 있지만 일정
한 자율권을 획득하여 국가와 교섭하는 사회적 존재로 부상한
이들을 가리킨다.

　안병무는 일찍이 전두환 체제가 '호헌'을 선언하며 민주화
에 대한 사회적 열망과 최후의 투쟁을 한창 벌이고 있던 무렵
창세기 2장의 선악과 이야기를 알레고리적으로 재해석하여 인

───────────

27) 이러한 견해 역시 매우 일반적인 것이지만, 가장 적극적으로 이러한 논지를 편 것은
　아마도 이병천이 아닐까 한다. 이병천, '역사적 관점에서 본 한국경제의 위기 해석',
　「경제학연구」, 47/4(1999) 참조.

28) 이하의 내용은 내가 「당대비평」 주간으로 재직한 2003~2004년 사이에 저술한 논문,
　에세이, 잡지 머리글, 기획취지문, 청탁서 등으로 작성한 글들에 기초한 것이다. 이것
　은 지난 2006년 한국조직신학자대회에서 발표한 나의 글 '고통과 폭력의 신학적 현상
　학: 민중신학의 당대성 모색'에서 먼저 정리되었고, 이 글에서 다소 축약 보완하면서
　재정리하였다.

간의 원형적 죄를 공(公)적인 것을 사유화하려는 욕망에서 찾았는데,29) 공을 사유화했던 슈퍼개인을 퇴출시킨 시민은 과연 민주화 시대에 공공성을 수호하는 새로운 주체가 되었을까? 우리 모두가 잘 알고 있듯이 한국 민주화의 치욕스런 체험은 시민이라는 공공성의 수호자로 '성화(聖化)'된 이데올로기적 주체가 실은 지극히 '상스러웠다'는 데 있다. 모든 것의 초월적 감시자로 군림했던 슈퍼개인이 사라진 뒤, 새로운 감시의 체계가 대체하기 전에 엘리트계층의 무분별한 지대추구행위30)와 맞물리면서 시민 또한 탐욕스런 욕망을 게걸스럽게 소비하는 존재로 구성되어 갔던 것이다.

　여기에서 우리는 민주화가 국민의 시민화와 동반하는 현상이라는 앞의 언급을 다시 주목해야 한다. 왜냐하면 공공성이 사유화되는 과정은 슈퍼개인만 퇴출시킨 것이 아니라 또 다른 퇴출자를 양산하기 때문이다. 비록 수동적인 존재이기는 하지만, 국민이라는 사회적 집단 범주는 국가 내에서 단일하게 결속된 존재로서 이해되었고, 이는 '국민은 공동체'라는 사회적 공통감각과 맞물려 있었다. 그런 점에서 독재체제하의 국민은 계층적 분화가 억제되는 효과를 지녔다. 슈퍼개인이 독식하고 남겨 놓은 적은 권력자원의 배분체계는 비교적 공정했던 것이다. 하지만 공적인 것을 사유화하려는 무한경쟁의 사회, 그 퇴행적 민주화의 공간에서 '공동체'라는 국민적 공통감각은 후퇴할 수밖에 없게 된다. 이른바 권력자원을 배분받지 못한 존재가 불가피하게 양산될 수밖에 없는데, 이러한 실패한 시민을 나는 '국민의 비시민화'라고 규정하고자 한다.

---

29) 안병무, '하늘도 땅도 공(公)이다', 「신학사상」, 53(1986 여름) 참조.
30) 지대추구행위란 사회적 행위자들이 국가 부문의 공공적 자원을 사적 이익을 위해 활용하는 행위를 가리킨다.

물론 독재체제 하에서도 배제는 존재했다. 계층적 분화가 억제되긴 했어도 여전히 권력자원의 배분경쟁에서 상대적으로 불이익을 당하는 존재가 형성되었다. 하지만 '국민은 공동체'라는 공통감각은 '이웃'이라는 사회적 유대를 어느 정도 유지시킬 수 있었다. 한편 체제는 그러한 공동체성을 체제 유지에 활용하기 위해 '비국민'을 끊임없이 생성시켰다. 가령 '빨갱이'는 대표적인 비국민이었다. 그밖에도 무수한 비국민들이 있었는데, 혼혈인이라든가 대마초흡연자, 부랑자 등등 이른바 비정상인들에 대한 사회적 배제는 노골적이었고, 그런 점에서 독재시대의 배제의 정치는 야만스러운 제거의 정치(politics of elimination)였다.

그런데 민주화 시대의 비시민은 시민 자신에 의해 퇴출된 자라고 해도 과언이 아니다. 그런데 그 퇴출은 독재자에 의한 야만적 행위의 소산이 아니라 시민의 무한경쟁에서 밀려난 이들이다. 그러므로 이들의 배제는 다분히 '은폐적'이다. 그런 점에서 이들의 배제의 정치는 '잊어버림의 정치'(politics of forgetting)[31]라고 할 수 있다.

그런데 이러한 민주화 시대의 배제의 정치를 논하는 데서 반드시 유념해야 하는 것이 바로 소비자본주의 문제다. 말했듯이 우리 사회는 1988년을 계기로 급속하게 소비재 산업의 비중이 높아졌다. 소비자본주의란 대중을 끊임없이 소비자로서 호명한다. 그것은 '산업역군'이라는 과거 독재 시대의 대중

---

[31] '잊어버림의 정치'라는 표현은, 박배균과 정건화가 이주노동자에 대한 지구화된 우리 시대의 배제의 정치가 갖는 특징을 지칭하기 위해 사용한 용어인데, 나는 이 용어를 좀 더 확장해서 우리 시대의 민주화 과정에서도 적용할 수 있다고 본다. 물론 뒤에서 나는 지구화 과정의 해석에서 이 개념을 다시 사용할 것이다. 박배균·정건화, '세계화와 '잊어버림'의 정치—안산시 원곡동의 외국인 노동자 거주지역에 대한 연구', 「한국지역지리학회지」, 10/4(2004) 참조.

호명방식과는 구별된다. '산업역군'이라는 이미지는 근검절약하며 노동에 전력투구하는 인간상을 모범으로 하는 상징어라면, 소비자는 자기 욕구의 주체라는 자의식을 개발하는 존재를 시사한다. 주목할 것은 바로 여기에서 사적 공간은 비약적으로 확장되게 된다는 점이다.

위에서 한국의 민주화가 공적 공간을 사사화하려는 퇴행적 욕망을 북돋는 계기로 작용했다고 했는데, 소비자본주의는 그러한 욕망에 불타는 사적 공간을 비약적으로 확대하는 요소인 것이다. 바로 이 사적 공간의 비약적 확대는, 1990년대 중반 이후 폭발적으로 대두한 '문화'라는 시민의 새로운 활동범주에 관한 담론과 맞물린다. 이른바 '문화사회'라는 용어는 시민적 경험에서 문화적 요소의 규정성이 높아지면서 생긴 사회적 영향망의 변동을 추적하기 위한 이론적 개념화인데,[32] 이 용어는 오늘날 우리 사회를 이해하는 데 널리 사용되고 있으며, 이와 맞물려 '문화목회' 용어가 등장하기도 했다. 다만 후자는, 글을 마무리 하는 대목에서 좀 더 얘기하겠지만, 다분히 기능론적 시각에서 문화를 활용하는 목회 기술에 관한 문제의식이 지배적이어서, 목회의 핵심적 요소라 할 수 있는 문화사회의 새로운 감각체계로 인한 고통 감각의 변동이나 사회적 병리성의 재구축 등에 관한 논의가 생략되는 경향이 있다.

아무튼 이러한 소비자본주의화와 문화담론의 확대는 시민의 개인화를 강화시켰고, 이는 동시에 담론공간에서 '일상의 발견'을 촉진시켰다. 2002년 이상문학상을 수상한 작가 권지예의 소설들은 그러한 일상의 담론화를 특징적으로 보여주고 있

---

32) 문화사회로의 이행에 관한 한국학계의 논의를 보려면, 「문화과학」, 17호(1999 봄)의 특집 '문화사회로의 전환'에 기고된 글들 참조. 그밖에도 「문화과학」은 문화사회에 관한 다양한 논의를 지속적으로 전개·발전시킨 글들을 무수히 수록하고 있다.

는데, 가령 단편 「풋고추」33)는 풋고추라는 요리의 재료에서 등장인물들 간에 서로 동일하지 않은 기억들이 소통 불능의 대화 상황을 낳는다. 과거에 먹거리는 거의 언제나 '굶주림'을 상징했고, 권위주의 체제 아래서는 국가주의적인 산업화의 동력이 추론됐다. 하지만 일상은 이러한 국가주의에 의해 규율된 일체의 경계를 넘나드는 무수한 도발들로 구성되었으며, 그것은 거창한 저항의 몸짓과 그로 인한 고난을 경유한 것이 아니라, 사사로운 기억 속의 쾌락을 통해 수행되었다. 그리고 소비자본주의는 이러한 사사로운 기억의 쾌락을 산업화하는 무수한 기술들로 채워졌다. 따라서 이 시대 시민, 아니 심지어 민중은 억압적 규율 아래 놓인 게 아니라 유혹을 통해 규율되고 있는 것이다.34)

여기서 우리는 지구화를 생각해야 한다. 전 지구적인 사회적 통합(social integration)의 가능성이 전자매체의 발전을 중심으로 하는 기술적 도약을 통해 급속하게 향상됨으로써 다양하게 추진되는 전 지구적인 다중적 연결망의 구축 과정을 가리키는 것인데, 이 과정은 관계의 공간적 폭이 비약적으로 넓어지는 측면만이 아니라, 미시적으로 확대되는 측면을 모두 포함한다. 즉 지구화는 거시·미시적인 공간 확대 과정이라고 단언할 수 있다. 그런데 현행의 지구화는 크게 두 개의 차원에서 폭력적으로 진행되는데, 하나는 지구무기체계에 의해서이며, 다른 하나는 지구자본체계에 의해서다. 후자는 1997년 이른바 'IMF 체제'를 통해 우리 사회에 폭압적으로 엄습해 왔

---

33) 권지예의 소설집 『폭소』(문학동네, 2003)에 수록.

34) 2006년 민중신학자대회에서 발표한 나의 글 '그대가 아픔을 말하는 빼앗긴 목소리를 되찾기까지' 참조. 이 글의 초고는 원래 신학아카데미 탈/향의 2005년도 상반기 강좌에서 발표되었는데, 그 글의 원제는 '민중은 유혹받고 있다'였다.

고, 전자는 최근의 아프간 전쟁과 이라크 전쟁을 거치면서 우리도 이러한 전쟁의 제3자가 아니라는 지구적 위기의식과 함께 우리의 일상에 위압적으로 다가왔다.[35]

　어쨌든, 어느 유형의 제국적 지구화 모델이 국면적 지배력을 행사하든 간에, 지구화의 체험이 삶을 일상 깊은 곳까지 전쟁터처럼 재조직화하는 효과가 있었음은 의심의 여지없다. 이러한 전쟁의 일상화는 우리 사회에선 그리 낯선 것이 아니다. '냉전' 사회의 체험은 전쟁의 폭력성을 직접 체험하게 한 것이 아니라 '예감'하게 함으로써, 일상을 전시체제처럼 총동원하게 하는 방식으로 조직했던 것이다.[36] 요컨대 '전쟁의 일상화'는 일상을 전장(戰場)으로 조직한다. 그런데 냉전체제는 단일한 국가적 의제에 맞추어 개개인의 삶이 총동원되었다면, 또 다른 전쟁의 일상화를 낳는 메커니즘인 지구화는 개체적 의제를 따라 삶을 다양한 의제 속으로 동원한다. 국가적 총력전의 사회는 개인적 총력전의 사회로 전이된 것이다.

　한데 우리는 전쟁의 일상화 속에 담긴 또 다른 차원에서의 일상에 주목해야 한다. 홍콩 출신 작가 짱아이링(張愛玲)의 작품들에 대한 비평의 글[37]에서 임우경은 전쟁이 일상의 파괴에 대한 공포인 동시에 일상의 종식으로서의 '축제'이기도 하다는 것을 지적하면서, 공포와 축제, 이 두 개의 이율배반적 요소의 동시성이 바로 현대적 일상성의 특징임을 주장한다.

---

35) 이러한 지구화 과정에 대한 개략적인 소개는 나의 글 '팍스로마나, 팍스아메리카나, 팍스크리스티아나: 역사의 예수 연구의 정치성에 대하여(재론)', 「세계의 신학」, (2003 봄) 참조.

36) 전쟁의 폭력에 대한 '예감'을 통해 전쟁을 일상화하는 것에 대하여는 도미야마 이치로, 임성모 옮김, 『전장의 기억』(이산 2002) 참조.

37) 임우경, '전쟁과 일상: 전쟁 체험과 張愛玲의 문학 세계', 「중국현대문학」, 17(1999 겨울) 참조.

이것은 일상화된 전쟁의 또 다른 차원을 보여준다. 즉 전쟁은 쾌락을 통해 일상의 무료한 반복을 견뎌내게 하는 것이다. 여기서 우리는 지구화가 시감각적 쾌락을 극대화하는 체계라는 점에 주목한다. 즉 지구화는 시각적 쾌락의 매개로 일상화된 전쟁의 위기를 은폐한다.

   이와 관련하여 소비자본주의와 지구화의 내습은 '소비의 실패자'를 '전쟁의 패잔병'처럼 취급하고 처벌하는 배제의 사회적 문화를 낳는다는 점을 주목할 필요가 있다. 나는 우리 사회의 무능력 담론이 법적 정치적 개념에서 시장적 개념으로 초점이 전이되면서 나타나는 소비의 실패자에 대한 처벌의 메커니즘을 연구하면서,38) '역할기대'와 '행위능력'이 모두 부정적인 유형의 무능력과 '역할기대'에 비해 상대적으로 '행위능력'이 낮다고 여겨지는 무능력이라는 두 유형의 시장적 무능력을 분류한 바 있다. 여기서 전자가 시민의 공간에서 퇴출된, 즉 비시민화 된 존재를 가리킨다면, 후자는 그러한 퇴출의 공포를 예감하면서 현실의 일상을 전쟁처럼 맞이하게 되는 시장화된 시민을 가리킨다. 그런데 위의 연구에서 내가 주목하려 했던 것은 이들 시장화된 시민이 어떻게 퇴출된 자의 배제의 정치에 자발적으로 연루되는가를, 그 메커니즘을 해석해 보려는 것이었다. 무능력의 담론이 일상화됨으로써 소비의 욕망이 강화되는 한편 퇴출의 공포가 내면화되면서 사람들은 타인의 배제에 무감각해지거나 망각하게 되는 '잊어버림의 정치'의 행위자가 되어 간다는 것이다.

---

38) 김진호, '카인 콤플렉스와 무능력자 담론', 「당대비평」 23(2003 가을)과, 이 논문을 다소 수정 보완하여 신용불량자에 대한 연구로 재정리한 글인 '무능력과 신용불량담론, 그 시민적 욕망과 '악의 진부화'에 대하여', 『민주사회를 위한 변론』 58(2004년 5〜6월호) 참조.

  이상을 도식적으로 정리하자면 민주화는 국민의 시민화를
낳았고, 소비자본주의와 지구화는 이들을 시장화된 시민으로
재주체화했다고 할 수 있다. 이것은 개개인의 고통이 사회적
체계와 연루되어 있음을 보여준다. 이러한 사회적 고통은 과
거와 같이 거시정치의 공간에서 실행되는 것일 뿐 아니라, 보
다 미시적적인 일상 공간에서도 벌어진다.39) 그리고 이러한
고통을 회피하기 위한 사람들의 의식·무의식적 행위 전략은
퇴행화 된 민주화와 소비자본주의화, 그리고 지구화의 체험을
통해 형성된 일련의 게임룰 속에 포섭되었다. 그것은 고통을
타인에게 전가시키는 것이다. 그런데 이러한 고통 전가 과정
의 '야만성'이 적나라하게 자행될 수는 없다. 민주화를 경유한
사회의 공통감각은 그러한 적나라한 야만성을 죄악시하기 때
문이다. 물론 여전히 적나라한 야만은 적지 않게 우리 사회에
관행화 되고 있지만, 사회는 그것을 처벌함으로써 스스로가
민주화된 사회의 이상에 다가가고 있다는 착시에 빠진다.

  한편 무능력 담론은 그러한 야만성이 사회적으로 은폐되
는 또 하나의 특징적인 장치라고 할 수 있다. 무능력은 사회
적 배제와 처벌의 동기를 개체화하기 때문이다. 또한 무능력
담론은 능력의 판타지를 동반하기 마련인데, 상업화 된 대중
문화는 그러한 판타지와 상호연관 되면서 무수한 스타들을 탄
생시키고, 이는 사회적으로 스타와 스스로를 동일시하려는 대
중의 욕망의 정치를 낳는다. 이러한 욕망의 정치는 일종의 쾌
락이며, 이러한 쾌락은 그 이면의 고통을 그리고 그 고통의

---

39) 미시적인 공간에서 벌어지는 폭력과 고통에 관한 연구사적 소개를 보려면 신진욱, '일
   상의 사회적 배제와 커뮤니케이션의 미시정치: 모빙, 불링, 사이코 테러의 집단 다이
   네믹, 권력기술, 권력관계」, 「사회이론」, 26(2004) 참조. 또한 이러한 미시적 폭력의
   현장에 대한 연구는 특히 청소년학이나 아동학 연구지들에서 이른바 '집단따돌림'에
   대한 연구로 무수히 제출되었다.

전가를 망각하게 한다. 따라서 고통은 사회적으로 거래된다. 그 거래 과정에서 시민의 쾌락과 비시민의 고통은 비대칭적으로 배분되며, 그 배분은 시장에서의 능력으로 환산된다. 요컨대 최근 우리 사회가 시장화 된 시민의 사회로 급격하게 전화하고 있다면, 그러한 사회는 그 하부에 일상화 된 '고통의 시장'을 형성하고 있으며, 이를 통해 적나라한 야만은 제거되는 대신 은폐된, 부드러운 야만의 사회로 재조직되고 있다.

그러므로 우리 시대는 무수한 고통의 신음소리가 넘실거린다. 하지만 그 신음소리는 많은 경우 사회적인 것으로 기억되지 않고 개인화된 원인의 소산으로 이해된다. 심리학자 마리-프랑스 이리고앵(Marie-France Hirigoyen)이 최근 심리학이 사회적인 것을 심리화/개인화한다고 자기비판한 것처럼,[40] 신학 또한 무수한 개인화하는 담론 틀을 통해 고통의 사회적 책임을 은폐하고 있다. 그리하여 고통의 소리는 있되, 그 원인은 망각되거나 은폐되는 현상, 그러는 가운데서 일상 속에서 무수한 폭력과 희생이 되풀이되는 상황이 오늘 우리 사회를 구성하는 주된 요소라는 점을 나는 이 글에서 주장하고자 하는 것이다.

그렇다면 글을 마무리하는 대목에서 이러한 시대의 변화에 대한 신학의 과제를 이야기해보자.

3. 변화하는 시대, 신학의 길 찾기

역사문화적 콘텍스트의 변화가 매우 급격하게 체감되는 상황에서 사회는 곳곳에서 변화에 적응하느라 분주하다. 교회

---

40) 신진욱, 같은 글, 229쪽.

도 예외가 아니다. 그리고 때로 성공적으로 변화에 대처하는
것처럼 보이는 경우들이 발견된다. 이러한 성공에 대한 비판
적 해석들은 '세속적 성공주의'를 신앙제도로 잘 구현한 결과
라고 주장한다.41) 이것은 '성공'을 목적론적 가치의 최종에 두
고 다른 일체의 것들을 대상화하는 태도의 연장선상에 있으며
(성공주의 이데올로기), 그것을 구현하는 창조적 실행능력과
그것을 뒷받침하는 자원동원 능력을 통한 제도화의 성공 여부
와 밀접히 관련된다.

　여기서 대상화한다는 것은 그 대상이 말을 하지 않는다는
것을 의미한다. 오직 대상화하는 주체가 필요에 의해 다루는
방식에 의해서만 그 대상적 존재가 의미화 될 뿐이다. 청중의
적극적 반응을 강조하는 '열린 예배'의 경우도 예외가 아니다.
단지 청중은 보다 잘 기획된 쇼 프로그램의 기획에 따라 반응
하도록 요청받을 뿐이다.42) 여전히 강력한 규정력을 갖고 있
는 기독교의 정전주의나 성직자주의가 이러한 대상성의 토대
가 되고 있음은 물론이다.

　이런 점에서 오늘의 역사문화적 콘텍스트는 성공주의의
수단에 지나지 않는다. 그것은 성공을 위하여 복무해야 하며,

---

41) 종교학자 이진구는 한국개신교의 주된 공통감각의 하나로 '성공주의 이데올로기'를 언
　급한 바 있고, 나는 이를 '승리주의'로 명명하였다. 이진구, '개신교와 성공주의 이데올
　로기', 「당대비평」, 12(2000 가을); 김진호 이숙진, '한국의 근대'와 민중신학: 회고와
　전망'，『반신학의 미소』(삼인, 2001). 한편 한종호는 전병욱 목사의 신학을 분석하면
　서 세속적 성공주의가 어떻게 그의 설교 속에 잘 녹아 있는지를 분석해낸다. 한종호, '
　세속적 성공주의와 역사의 왜곡: 전병욱 목사', 「기독교사상」(2002.10) 참조. 최근의
　'열린 예배' 등은 이러한 세속적 성공주의를 구현하기 위한 예배 제도적 포맷으로 그
　유용성이 입증되었다. 그러나 이러한 유용함을 모방하려는 많은 시도들에도 불구하고,
　그 효력은 자원이 풍부한 대형 교회들의 전유물임이다. 신문철 김효성, '포스트모던
　문화와 교회의 감성적 예배: 현대 교회의 열린 예배에 대한 비판적 고찰', 「조직신학
　연구」, 6(2005) 참조.
42) 신문철·김효성, 같은 글, 66~67쪽.

이렇게 하여 성취된 성공은 그 역사문화적 콘텍스트를 변혁시킬 것이라는 믿음이 이러한 신앙의 기조를 형성한다. '복음화'라는 기독교적 팽창주의 담론은 그러한 변혁의 시나리오를 거칠게나마 담고 있다. 이른바 문화목회라는 것이 의제화되는 대목은 바로 이러한 성공주의적 도구주의와 관련된다.

실은 이 경우 '오늘의 역사문화적 콘텍스트'라는 표현은 적절치 않다. '역사성'은 문화의 동시대성의 배후에 놓인 시공간적 알리바이다. 그러나 기독교의 성공주의적 복음은 시공간적 배후와 대화하기보다는 현재의 그것을 단지 도구화하려는 데만 주목할 뿐이다. 또한 일종의 담론의 매트릭스인 역사문화적 콘텍스트를 무시하고 이질적인 담론을 공격적으로 끼워 넣음으로써 복음화를 실현하려는 서구 제국주의적 기독교의 관성은 한국 기독교에서도 조금도 지양되지 않고 여전히 퇴행적으로 실행되고 있다. 그런 점에서 역사문화적 콘텍스트라는 표현보다는 역사성이 제거된, 단순 대상으로서 해석될 여지가 많은 '문화'라는 다소 중립적이고 애매한 표현이 기독교가 오늘의 변화를 논하는 담론틀로 선호된다.

그러므로 기독교의 성공 중심적인 문화변혁론은 '변화하는 오늘의 문화'를 두 가지 이율배반적 함의로 이해한다. 하나는 위험하다는 것이고, 다른 하나는 성공의 수단이라는 것이다.43) 물론 이것은 서구 제구주의의 식민주의적 담론과 등가적이다. 마치 콜럼부스가 자신의 성공의 수단으로 '위험한' 신대륙을 이용하고, 콜럼부스를 고용한 스페인 왕실이 왕정의

---

43) 김승호는 한국의 문화적 지평을 포스트모던 문화상황으로 규정하고, 포스트모던 일반 이론을 끌어들여 상대주의, 종교 관용, 다원주의적 특성이 위험성의 요소라고 해석하며, 이러한 위험성에서 복음의 기회를 상향한다. 김승호, '포스트모던 상황에서 한국복음주의 교회의 선교', 「성경과 신학」, 39(2006) 참조.

성공을 위해 이 '위험한 인물'을 이용한 것처럼 말이다. '복음화'라는 팽창적 정복주의 담론은 이러한 세속적 성공주의를 정당화한다. 즉 말하지 못하는 문화적 대상에게 언어, 즉 하느님의 축복을 전수한다는 논리는 그 주체의 세속적 성공주의를 미화한다.

앞의 '제 1장'에서 보았듯이 이러한 성공주의적 문화변혁론은 복음 지상주의 내지는 복음 우월주의에 지나지 않다. 그것은 역사문화적 콘텍스트에 대한 신학적 성찰을 내재화 할 수 없다. 그런데 흥미롭게도 이러한 세속적 성공주의를 추구하는 교회들의 성공은 시장의 체계, 그 맘몬의 질서가 부여하는 우생학적 원리에 의존한다. 요컨대 이 세계의 질서를 위험시하고 단지 세계를 포섭하는 일방향적 소통담론으로서의 복음화를 추구한다고 주장하지만, 실은 그것은 시장의 우생학적 원리를 활용하여 이룩된 성공인 것이다. 즉 복음지상주의 혹은 복음 우월주의는 오늘의 역사문화적 콘텍스트에서 복음을 재의미화하기 위해 시장을 대화의 파트너로 받아들인 것이라는 얘기다. 다만 명시적으로는 대화의 대상이 아니라 교화의 대상이라고 주장할 뿐, 실은 시장화 된 교회와 신학으로 자리잡고 있는 것이다. 그런 점에서 이런 시각은 소비자본주의화와 지구화의 가치를 내재화한 신학을 추구한다. 미국의 기독교가 신자유주의의 선봉에 선 것처럼, 한국의 기독교 또한 예외가 아니다.

나는 제 2장에서 오늘 우리 시대의 역사문화적 콘텍스트를 정리 요약하면서, 지난 시대의 고통의 메커니즘이 오늘 우리의 시대에는 어떻게 재생산되고 있는지를 말하려는 데 초점을 두었다. 퇴행화 된 민주화, 폭력적으로 엄습해 오면서도 그 폭력을 교묘히 은폐하면서 우리에게 유혹으로 다가오는 소비자본주의화와 지구화라는 변화의 조건 아래서 고통의 메커니즘이 재조직되고 있다고 본 것이다. 그것은 기독교 신학과 교회적 목회 혹은 선교의 초점이 세속적 성공주의에 있는 것이 아니라 '고통에 대한 돌봄'에 있다고 보았기 때문이다. 최근 권수영은 서구의 목회신학이 '하느님나라'보다는 '하느님 인식'에 더 초점을 두어왔다고 비판하면서, 오늘 우리의 역사문화적 콘텍스트가 담고 있는 고통의 구조에 해체적으로 다가가는 방식의 '돌봄'을 문화변혁적 목회신학의 과제로 제시한 바 있다.44)

앞서 말했듯이 이것은 고통을 사사화하는 체계에 대한 비판적 문제제기를 함축한다. 개개인이 일상 속에서 겪고 있는 고통은 사회적인 연관 속에서 이해되어야만 비로소 그 고통으로부터의 해방이 가능하기 때문이다.

요한복음 9장의 소경의 치유 이야기는 그러한 하나님나라적 돌봄 중심의 문화변혁적 복음화의 전형을 보여준다. 제자들은 한 소경을 보며 예수에게 묻는다. '저이가 왜 보지 못하나요?' 그러면서 그들은 예수의 대답을 제한한다. '그가 죄를 지어서인가요 아니면 부모 탓인가요?' 필경 이는 복음서가 바라보는 유대주의의 통념을 의미하는 것이다. 그런데 그것은 그 체제의 수호자인 유대인만의 생각이 아니라, 심지어 예수운동의 핵심인자인 제자들의 내면까지 지배하고 있다. 그러한 생각이 일상의 인식세계를 침투한 것이다. 여기에는 예수가 고통을 사사화하는 체제, 심지어 자신의 제자들의 생각까지 지배하고 있는 그 뿌리 깊은 인식틀에 저항하고 있음을 보여준다.

---

44) 권수영, '문화분석으로 본 하나님나라: 해방신학의 목회신학적 전망', 「한국기독교신학논총」, 41(2005) 참조.

유대인은 다시 보게 된 이를 추궁한다. 하필 그 날이 안식일이었던 것이다. 그들의 관심은 볼 수 있게 된 이의 삶이 아니라 그 치유의 정당성을 확인하고 싶어 하는 것이다. 자신들의 '옳음의 체계'에 부합하는지를 묻느라 장애인이었던 그이를, 그의 고통과 그의 환희를 공감할 수 없다. 이들에 대한 예수의 분노, '너희들이 차라리 소경이었다면 좋았을 거다. 그러나 너희는 본다고 말하니 그 죄가 심히 중하다'는 저주의 말은 유대체제가 고통을 거래하는 시장이었음을 폭로한다.

9장 전체에 걸쳐 13번이나 나오는 '본다'는 뜻의 동사 '블레포'(βλεπω)는 '볼 수 없는 자'였으나 치유된 이의 '봄'과 '본다'고 자부하지만 '보지 못하는' 이들을 대조하는 문맥에서 교차적으로 사용된다. 이들 '본다는 자부심'으로 가득 찬 이들은 '보지 못하는' 다른 이들의 생각을 지배함으로써, 자신들의 '봄'을 통해 상징권력을 획득하였다. 그리고 이러한 상징권력을 위해서는 소경이 필요하다. 그들이 보지 못하는 것은 진리를 보지 못하는 이들을 상징하기 때문이다. 여기서 소경은 진리 망각의 존재를 표상하게 되며, 사람들의 죄를 몸으로 표상하는 희생양이 되는 것이다. 한데 여기에는 하나의 착시가 있다. 사람들은 그 희생양이 자신들의 죄를 대신 짊어진 자라고 생각하지 않는 것이다. 그래야만 진리 망각의 체계의 비밀이 지켜지기 때문이다. 그래서 그가 소경인 것은 그 자신이나 그의 직계가족의 죄의 탓이라는 통념이 생겼다.

이상의 해석은 르네 지라르의 틀을 이용한 나의 상상의 소산이다. 지라르의 희생양 이론이 인류학적 개연성을 지니고 있듯이, 그에 의존한 나의 해석도 역사적 개연성을 주장할 수 있다면, 예수의 치유는 돌봄의 사회적 성격을 은폐하는 체제에 대한 비판이고, 그러한 은폐의 체제로부터의 해방을 지향하는 돌봄을 의미한다고 할 수 있다.

오늘의 역사문화적 콘텍스트는 우리 사회 곳곳에서 모든 사람에게 고통을 회피하는 '후방지역'45)을 앗아가고 있다는 점에서 이전보다 더욱 심각한 고통의 체제로서 구축되고 있다. 그런데 이러한 삶의 전 영역의 전방지역화는 오늘날 다른 방식으로 사람들에게서 회피되고 있다. 타인에게 고통을 전가하는 체계가 보다 발전하고 있는 것이다. 여기에는 앞서 말한 것처럼 맥락 없는 즐거움, 감각적 쾌락의 체계가 발달하게 되면서 고통을 전가하면서도 그것에서 무감각하게 되는 은폐의 메커니즘이 연관되어 있다. 그런 점에서 돌봄의 목회는, 그러한 고통을 찾아 헤매며 겨우겨우 읽어내는 고고학적 감수성과 노력을 필요로 한다. 그러려면 교회 대 세속이라는 이분법을 넘어서야 한다. 교회 안팎 도처에 목회의 현장이 있다. 따라서 신학이 오늘 우리 사회의 변화를 성찰하고자 한다면, 바로 이런 현장들, 고통이 있는 그 자리들에서 그 소리들의 내력을 읽어내고 드러내며(증언) 그것의 은폐의 장치들과 대결하는 데 있다고 본다.

---

45) 이 표현은 기든스에게서 빌려온 개념으로, 가령 일터에 대해 쉼터, 노동/공부시간 대 쉬는 시간 등 근대적 시공간 개념에서 잘 발달된 것이다. 그런데 그는 급진화된 근대 (radical modern, 그는 포스트근대를 이렇게 해석한다)는 감시와 욕망의 체계가 발달함으로써 후방지역의 전방지역화를 훨씬 정교하게 발전시켰다고 보는 것이다.

"한국사회의 변화와 신학적 성찰성"에 대한 논찬

김형민 교수 • 호남신학대학교

I. 논문에 대한 비판적 요약

1. 김진호 목사는 역사문화적 맥락에서 한국사회의 변화에 대한 신학적 성찰을 논문의 주제로 삼고 있다. 매우 단단한 언어구성과 문법으로 한국의 역사문화적 변화에 대응가능한 실천적 담론을 추구하고 있다. 특히 필자는 역사문화적 담론이 네트워크 형태로 존재함으로 네트워크 밖에 있는 해석자는 이를 독해할 수 없다고 전제하면서 다음과 같이 주장하였다. "역사문화적 콘텍스트는 해석의 주체가 텍스트와 만나는 지평으로서, '역사문화적 담론의 네트워크'(networks of historical-cultural discourses) 형태로 존재한다고 정의할 수 있기 때문이다. 다시 말하면 텍스트는 이 역사문화적 담론의

네트워크 밖에서는 해석자에게 독해될 수 없다는 것을 의미한다. 이러한 담론의 네트워크와 얽히지 않은 텍스트는 해석자에게 존재하지 않는다는 것이다." 하지만 이는 윤리학자에게는 매우 곤혹스러운 발언이다. 왜냐하면 이러한 해석학적 전제는 아직 간문화적 해석학(interkulturelle Hermeneutik)이 분명하게 합의되지 못한 세계교회의 상황에서 볼 때 특정 담론이 다른 담론들을 식민화하지 못하도록 막는 예방의 효과를 가질 수 있을지는 모르나 보편적 담론 형성을 원초적으로 부인함으로 사회적 합의를 거부하는 상대주의적 회의론에 빠질 위험이 있기 때문이다. 소위 정전(Canon)을 "지배적 담론의 자기 근거로 이해되는 텍스트"로 이해하는 필자의 관점도 정전의 역사에서 살펴볼 때 타당성이 있지만 동시에 정전으로서의 성서가 교회개혁, 사회복음운동, 종교적 사회주의 운동의 기초로서 사회변혁의 동인이 되었을 뿐만 아니라 교회의 통일을 보존하는 데 기여했다는 점도 고려해야 할 것이다.

2. 본 논문은 신학을 대문자 신학과 기타 신학들 달리 말해 주격의 신학과 이격의 신학으로 구분함으로 다시금 신학의 당파성을 주제로 삼았다. 대문자 신학으로부터의 탈출을 시도한 상황(역사문화적 콘텍스트)적 탈식민주의적 신학유형으로 변선환의 종교상황적 담론, 서남동의 역사상황적 담론, 안병무의 오클로스론을 비교분석하고, 이를 한국사회의 변화를 신학적으로 성찰한 저항담론으로 규정하였다. 하지만 신학을 주격의 신학(대문자 신학)과 이격의 신학들(소문자들의 신학)로 이분하려는 시도는 받아들이기 쉽지 않다. 왜냐하면 언제나 기독교 신학 속에는 단 하나의 신학으로 통합할 수 없는 '신학

들의 다원주의'가 존재해왔기 때문이다. 민중신학도 그러한 신학적 시도의 하나일 뿐이다. 이와 같은 다양한 신학들이 늘 대립, 견제했다기보다는 비대칭적인 맥락 속에서 기독교 신앙과 경험의 통일성을 자신의 상황에서 반성하였다고 하겠다. 우리는 이미 이러한 다양성을 신약성서 속에서 발견한다. 성서는 믿음, 소망, 사랑, 칭의, 진리 등 교회와 신학을 위한 다양한 중심개념들을 제시하지만 그 중에서도 기독교신앙의 전체성과 본질을 가장 잘 드러내는 것은 자유(출애굽과 바울)이다. 기독교는 태생적으로 자유의 신학이며 다원적이다.

3. 논문에서 1990년대 이후 한국사회의 변혁담론이 변화하게 된 세 가지 역사적 사건으로 1987년 이후 한국사회의 민주화, 1988년 올림픽과 함께 시작된 소비자본주의, 1989년 이후 동독과 소련 등 사회주의권 국가들이 몰락과 이의 정치사회적 영향을 들었다. 이로 인해 한국사회는 탈냉전 시대의 새로운 발전모델에 적응해 가게 되었는데 그 결과는 매우 비관적이다. 정치적으로는 배제와 망각의 정치가 경제적으로는 소비자본주의가 교회적으로는 다분히 기능론적 문화목회가 전면에 등장하였다. 거기다 지구화라는 새로운 세계질서의 형성은 지구무기체제와 지구자본체제라는 기본 축으로 고통당하는 자들의 신음소리를 은폐하고 있다고 보고 다음과 폭로하였다. "신학 또한 무수한 개인화하는 담론 틀을 통해 고통의 사회적 책임을 은폐하고 있다. 그리하여 고통의 소리는 있되, 그 원인은 망각되거나 은폐되는 현상, 그러는 가운데서 일상 속에서 무수한 폭력과 희생이 되풀이되는 상황이 오늘 우리 사회를 구성하는 주된 요소라는 점을 나는 이 글에서 주장하고자 하

는 것이다."

4. 결론적으로 필자는 현대교회가 우리 시대의 고통의 신음소리에는 귀를 막고 세속적 성공주의에 취해 복음화를 성공주의의 도구로 삼고 있다고 판단한다. 그런즉 교회의 문화는 우생학적 원리에 따라 성공주의적 문화변혁론이 되고 신자유주의적 경제원리에 따라 시장화 된 교회론으로 변질되었다. 요한복음 9장에 소경의 치유 이야기를 통해 "예수의 치유는 돌봄의 사회적 성격을 은폐하는 체제에 대한 비판이고, 그러한 은폐의 체제로부터의 해방을 지향하는 돌봄"이라 판단하면서 기능적 교회론에 대한 비판과 함께 고통 받는 이들을 위한 신학과 교회의 변혁을 요청한다.

2. 토론을 위한 질의

1. 현대교회의 문화목회를 기능론적 시간에서 평가하려는 김진호 목사의 결론은 필연적으로 교회의 제도적 조건의 가능성과 한계에 대한 질문을 제기한다. 교회를 제거되거나 잊어버린 자들과의 연대적 사회관계로만 보는 관점은 필연적으로 교회의 경험적 측면만을 강조하여 초월적 측면을 경시하기 쉽다. 교회의 형성과정을 역사사회적 맥락에서 검증해야 한다는 주장은 교회가 역사적으로 형성된 제도임을 전제한다. 그렇다면 그동안 교회의 정체성을 보존하고 교회구성원의 영적 쇄신을 위해 필요했던 교회의 기능성, 곧 제도로서의 교회론도 중시되어야 할 것이다. 오래 전부터 인간은 제도를 통해 삶의 실천을 위한 규범의 길을 만들어 왔다. 단순한 생물학적 욕구

만이 아니라 인간학적 기본구조가 제도의 설립을 유도하고, 이 안에서 행위의 목적과 행위 그 자체를 명시한다. 겔렌은 제도를 인간의 이차적 본성으로서 문화를 만들고 계속적인 필요충족을 보증하는 장치로 보면서 제도에 대한 의무까지 강조하였다. 제도는 인간사회의 구조 안에서 필연적인 것으로 가정, 노동, 소유, 교육, 종교, 경제, 국가 등을 들 수 있다. 물론 제도는 영원불멸한 것이 아니라 역사적 변천과정에 따라 변화하기 마련이다. 새로운 문화적 상황은 새로운 제도화로 인도한다. 인간학적 기본조건에서 볼 때 제도는 보편적인 것으로 본다. 그런즉 인간의 구조적인 제도성과 제도의 역사적 변경 가능성은 상반적으로 이해되어서는 안 된다. 제도는 인간의 사회적 공존의 구조적 조건이다. 그렇다면 현대의 교회론은 약자에 대한 옹호만이 아니라 교회와 사회를 기능적으로 중재하는 다양한 전략이 필요하다고 본다.

2. 사회변혁에 대한 역사문화적 성찰은 상황의 신학으로 전개되기 마련이다. 상황의 신학은 역사경험을 중시함으로, 신학의 출발점을 교회와 신학에 대한 보편적 주장에서 연역해 내려는 교의학적 체제와 대립하게 된다. 하지만 상황신학의 귀납적 방법도 공동신앙의 연역적 현실을 완전히 넘어설 수는 없다. 그럴 때 하나님의 참된 계시의 본질을 의심스럽게 만들고 인위적으로 조작하여 신앙을 이데올로기로 만들 수 있기 때문이다. 하나님의 말씀은 여러 가지 다양한 실존적 상황 속에서 살아가는 우리 모두를 향한 부르시는 하나님의 음성이며 오직 이 부르심에 응답할 때만이 신학은 자신의 정체성을 보존할 수 있다.

한국문화와 한국교회의 관계유형의 변천사

정원범 교수 ● 대전신학대학교

Ⅰ. 들어가는 말

한국에 복음이 들어온 지도 벌써 120여 년의 세월이 흘렀다. 기독교의 복음이 한국문화에 수용된 이후 한국역사 속에서 복음과 문화와의 만남은 어떤 방식으로 이루어져 왔을까? 우선 이 만남은 복음이 한국문화에 영향을 일방적으로 주기만 한 것도 아니었고 그렇다고 해서 한국문화가 기독교 복음에 일방적으로 영향을 주기만 하는 방식으로 이루어진 것도 아니었다. 사실 복음과 문화의 관계는 본래 어느 한편에서만 영향을 주고 다른 한편에서는 영향을 받기만 하는 그런 관계 속에 있지 않다. 그도 그럴 것이 복음이라고 해서 어떤 문화적 조건에도 영향을 받지 않은 채 순수한 복음 자체로만 존재한다는 것은 불가능한 일이기 때문이며 또한 문화 역시 어떠한 세계관이나 가치관에 의해서도 변화될 수 없는 그러한 고정불변한 것으로 남아 있을 수 있는 것이 아니기 때문이다. 말하자면 복음과 문화의 관계란 서로 영향을 주고받는 관계라는 점이다. 그러나 분명한 것은 틸리히의 말대로 "종교는 문화의 실체이며 문화는 종교의 형식"이라는 점에서 볼 때, 복음은 문화와의 관계에서 비교우위의 위치에 있어야 한다는 사실이다. 다시 말해 복음은 무엇보다도 문화를 심판하고 문화를 변화시키는 문화초월적인 기능을 가진다.[46] 세계관이나 가치체계의 관점에서 볼 때 복음은 문화를 변화시키는 기능을 가질 수밖에 없고 또 그래야 한다는 것이다. 그렇다면 한국교회는 한국문화 속에서 이런 기능을 잘 수행해왔다고 볼 수 있을까? 이에 대해 한마디로 말하는 것이 쉽지 않다.

그렇다면 120여년의 역사 속에서 한국교회는 한국문화에 대해 어떠한 응답을 해온 것일까? 이에 대한 대답을 찾는 것이 본고의 목적이다. 이를 위해 2장에서는 복음과 교회와 문화의 의미를 살펴보게 될 것이고, 3장에서는 복음과 문화의 관계 유형에 대해서, 그리고 4장에서는 과거와 현재의 한국문화의 특징에 대해서 살펴본 후에 마지막으로 한국문화와 한국교회의 관계유형의 변천사를 정리하게 될 것이다.

---

[46] E. Brunner, *The Divine Imperative* (Philadelphia: The Westminster Press, 1937), 483.

II. 복음과 교회와 문화

1. 복음의 의미

본래 복음이란 이스라엘 백성을 바벨론 포로로부터 해방
시켜 주셨다고 하는 '기쁜 소식'에서 유래한 말이다. 신약에
서 복음이란 말은 '하나님의 복음', '그리스도의 복음', '하나님
나라의 복음'으로 표현되는데 '하나님의 복음'이라고 할 때는
하나님에 관한 좋은 소식을 뜻하거나 하나님 자신을 의미하
고, '그리스도의 복음'이라고 할 때는 그리스도에 관한 좋은
소식을 뜻하거나 그리스도 자신을 의미하며 '하나님나라의
복음'이라고 할 때는 '하나님나라'를 계시하고 약속하는 좋은
소식을 의미한다.[47)

1927년 로잔대회와 1982년 캐나다 오타와에서 열린 제
21차 세계개혁교회연맹(WARC) 총회는 복음에 대해 각각 다
음과 같이 설명한다.[48)

세상을 위한 교회의 메시지는 예수 그리스도의 복음이
요, 항상 복음이어야 한다. 복음은 현재와 미래를 향한 구속
의 기쁜 메시지인 바, 그리스도 안에서 죄인에게 주어진 선
물이다. 성령은 온 인류 역사 속에서 활동하시사 그리스도의
오심을 준비하셨고, 무엇보다 구약 안에 주어진 그의 계시를
통해서 그의 오심을 준비하셨는데 때가 차서 하나님의 영원

---

47) 이형기, 『21세기를 향한 새로운 신학적 패러다임의 모색』 (서울: 장로회신학대학교출
판부, 1997), 440-441.

48) 위의 책, 414, 358-359.

한 말씀이 성육하사 인간이 되신 것이다. 바로 예수 그리스도는 하나님의 아들과 사람의 아들로서 은혜와 진리가 충만하신 분이시다.

이 예수 그리스도는 그의 삶과 가르침, 그의 회개에로의 부름, 그의 하나님의 나라의 도래와 심판에 대한 선포, 그의 고난과 죽음, 그의 부활과 하나님 아버지 우편에로의 승귀 및 그의 성령의 파송을 통하여 우리에게 죄의 용서를 베풀어 주셨고 살아계신 하나님의 충만함과 우리를 향하신 하나님의 한없는 사랑을 계시하셨다. 예수 그리스도는 십자가에서 보이신 완전한 사랑에 호소하시사 우리들을 신앙에로 부르시고 하나님과 인간을 섬기기 위한 자기희생과 헌신으로 부르신다.

예수 그리스도에 관한 메시지는 하나님의 사랑에 대한 좋은 소식이다. 예수 그리스도는 우리의 불순종에도 불구하고 우리를 멸망시키지 않으셨고 죽음에 이르도록 내버리지 않으셨다. 하나님께서 우리에게 영생을 주시려고 그의 아들 예수 그리스도를 이 세상에 보내셔서 죽게 하셨다가 다시 살리셨다. 그래서 만약 우리가 그를 믿음으로 신뢰하고 그와 더불어 살면 우리는 사죄를 얻고 감사와 찬송이 넘치는 삶을 살 수 있다는 사실을 우리는 발견한다. 따라서 우리 인생의 목표는 '하나님을 영화롭게 하고 그를 영원토록 즐거워하는 것이다.'

2. 교회: 하나님나라의 가치를 실현하는 공동체

존 하워드 요더에 따르면 교회는 "십자가상에서의 하나님의 사랑의 승리를 맛보는 곳(aftertaste)이며 그의 나라에서의 그의 궁극적인 사랑의 승리를 미리 맛보는 곳(foretaste)이다."49) 따라서 교회는 하나님나라를 미리 맛본 사람들의 공동체로서 하나님나라의 새로운 삶의 방식을 세상에 증거해야 한다. 그리고 또 그렇게 할 수 있다. 왜냐하면 임박한 하나님의 나라는 사람들로 하여금 하나님나라에 적합한 새로운 삶의 방식으로 살아가도록 동기를 부여하며 자극하고 있기 때문이다.50) 첫째로, 교회는 하나님의 주권과 하나님의 뜻이 확립되는 하나님의 나라를 미리 맛본 사람들의 공동체이다. 그러므로 교회는 하나님의 뜻에 순복하고 그 뜻에 순종하는 삶을 이 세상에 드러내야 한다. 달리 말해 교회는 하나님의 뜻을 절대적 가치로 삼고 살아가야 하며 동시에 하나님의 뜻 외에는 이 세상의 어떤 가치나 이데올로기도 절대적인 것이 될 수 없음을 말할 수 있어야 한다.

둘째로, 교회는 종말론적 현실로 주어질 은혜와 사랑의 나라인 하나님의 나라를 미리 맛보고 있는 곳이다. 그러므로 교회는 종말론적 하나님나라의 표지로서 하나님나라의 은혜와 사랑을 이 세상에 보여주어야 한다.

셋째로, 교회는 종말론적 현실로 주어질 자유의 나라인 하나님의 나라를 미리 맛보고 있는 곳이다. 그러므로 교회는

---

49) Philip LeMaster, *The Impact of Eschatology in John Howard Yoder's Critique of Constantinianism* (San Fransisco: Mellen Research University Press, 1992), 68.

50) Wolfgang Schrage, David E. Green, transl., *The Ethics Of The New Teatament* (Edinburgh: T.&T. Clark, 1988), 24.

종말론적 하나님나라의 표지로서 하나님나라의 자유를 이 세상에 보여주어야 한다. 구체적으로 말하면, 교회는 하나님나라의 표지로서 이 세상의 모든 비성경적이고 비복음적인 이데올로기들, 즉 자기밖에 모르고 자기만을 위해 살아가는 이기주의, 자기 교회밖에 모르고 자기 교회만을 위해 살아가는 개교회주의, 자기 교파밖에 모르고 자기 교파만을 위해 살아가는 교파주의, 오로지 축복 하나만을 추구하는 기복주의, 그저 높아지고 성공하려는 데만 몰두하는 (목회)성공주의, 오로지 교회성장에 목숨을 거는 교회성장주의, 양적이고 외형적인 교회성장에 집착하고 숫자와 크기로만 교회(목회자)를 평가하는 물량주의, 돈을 위해서라면 무엇이든 할 수 있다고 생각하고 모든 것을 돈으로 판단하는 물질(물신)주의, 교회직분을 계급으로 알고 성도들 위에 군림하려는 권위주의, 그리고 타지역에 대해 배타성과 적대감을 조장하는 지역주의 등으로부터 자유할 수 있다는 것을 보여주어야 한다.

　넷째로, 교회는 종말론적 현실로 주어질 정의와 평화의 나라인 하나님의 나라를 미리 맛보고 있는 곳이다. 그러므로 교회는 종말론적 하나님나라의 표지로서 하나님나라의 정의와 평화를 이 세상에 보여주어야 한다. 교회는 무엇보다 그리스도의 속죄의 제사로 말미암아 하나님과 화해하고 하나님과 평화를 누리는 자들의 공동체이다. 동시에 교회는 사람들과 서로 화해한 사람들의 공동체이다. 다시 말해 하나님과 화해한 사람들의 공동체인 교회는 그리스도 안에서 남자와 여자가(성의 차별), 상전과 종이(계급의 차별), 유대인과 헬라인이(인종 차별) 세상적인 구분과 대립관계를 청산하고 같은 하나님의 자녀들로서 하나 되는 평화의 공동체이고 또 그래야 한다.

그러나 그리스도의 속죄 제사로 인한 하나님과의 평화는 인간들 사이의 화해와 평화만을 위한 것이 아니었다. 즉 그것은 아담의 타락으로 인해 아담과 함께 하나님의 저주를 받은 피조세계의 회복까지 포함하는 것이었다. 즉, 그리스도의 십자가의 대속의 사건은 인간의 구속뿐만 아니라 자연의 구속까지도 포함하는 것이다. 이제 그리스도의 속죄 사건으로 인해 인간과 자연의 치료와 회복은 이미 시작되었다. 그러나 인간과 자연 세계의 완전한 구속은 마지막 날에 있게 될 것이다. 그러므로 하나님과의 올바른 관계를 회복한 교회공동체는 사람들에 대해서뿐만 아니라 자연 세계에 대해서도 미래에 그렇게 되어질 방식을 따라 지금 자연을 존중하며 자연을 올바르게 관리하는 평화의 사도들이 되어야 한다.51)

다섯째로, 교회는 종말론적 현실로서 세상질서와 가치관의 대역전 현상이 일어나는 하나님의 나라를 미리 맛보고 있는 곳이다. 그러므로 교회는 종말론적 하나님나라의 표지로서 하나님나라의 대역전 현상을 보여주어야 한다. 하나님나라가 능력을 발휘할 때 나타나는 세상 가치관의 대역전 현상이란 "첫째가 되고자 하면 뭇사람의 끝이 되며 뭇사람을 섬기는 자가 되어야"(막 9:35) 하는 것이고, "누구든지 자기를 높이는 자는 낮아지고 누구든지 자기를 낮추는 자는 높아지게 되는"(마 23:12) 것을 말한다. 예수는 하나님나라 백성들의 공동체인 교회가 세상과는 판이하게 다른 가치관이 적용되는 공동체임을 계속하여 이렇게 말씀한다.

---

51) Fransis A. Schaeffer, *Pollution and The Death of Man*, 김진홍 역, 『환경오염과 인간의 죽음』, (서울: 생명의말씀사, 1995), 55.

이방인의 임금들은 그들을 주관하며 그 집권자들은 은
인이라 칭함을 받으나 너희는 그렇지 않을지니 너희 중에
큰 자는 젊은 자와 같고 다스리는 자는 섬기는 자와 같을
지니라. 앉아서 먹는 자가 크냐 섬기는 자가 크냐 앉아 먹는
자가 아니냐. 그러나 나는 섬기는 자로 너희 중에 있노라(눅
22:25-27)

어리석은 부자의 비유를 통해서도 예수는 세상의 물질
주의, 성공주의, 이기주의의 세속적 가치관을 비판한다. "삼가
모든 탐심을 물리치라. 사람의 생명이 그 소유의 넉넉한 데
있지 아니 하니라."(눅 12:15) 결국 교회는 하나님나라의 새
로운 가치관에 따라 살아가는 사람들의 공동체이고 또 그래
야 한다는 것이다.

3. 문화와 대중문화의 의미

오늘날 우리 삶의 중요한 환경이 되고 있는 문화란 무엇
인가? 인류학자인 A. 크루버와 C. 클럭혼의 조사에 따르면,
문화에 대한 정의는 무려 154가지에 이른다고 한다.[52] 그래
서 윌리엄즈는 문화란 이해하기에 가장 어려운 단어들 가운
데 하나라고 하였다. 그는 문화를 넓은 의미에서 세 가지로
정리하고 있는데[53] 첫째로, 문화는 '지적, 정신적, 심미적인
계발의 일반적 과정'이다. 여기서 문화란 아놀드가 정의한 대

---

[52] 이상철, 『여론선전론』 (서울: 범우사, 1986), 25.
[53] John Storey, *An Introductory Guide to Cultural Theory and Popular Culture*, 박모
역, 『문화연구와 문화이론』 (서울: 현실문화연구, 1999), 13.

로 인간의 정신을 순화하는 것으로 이해된다. 둘째로 문화는 '한 인간이나 시대 또는 집단의 특정 생활방식'이다. 셋째로, 문화는 '지적인 작품이나 실천행위, 특히 예술적인 활동'이다. 다시 말해 이는 의미를 생산하거나 의미생산의 근거가 되는 것을 그 주된 기능으로 하는 텍스트나 문화적 실천행위를 말한다. 본고에서는 문화의 의미를 주로 두 번째, 세 번째 관점에서 생각하게 될 것이다. 이러한 관점을 잘 보여주는 것이 타일러의 정의이다. 그에 따르면, "문화란 지식, 신념, 도덕, 습관 및 인간이 사회의 한 구성원으로서 획득한 어떤 능력과 습관들을 포함한 복합적 총체이다."54)

그러면 우리 주위에 넘쳐나고 있는 대중문화란 무엇인가? 우선 대중문화라 할 때는 대개 문화 개념의 두 번째, 세 번째 관점에서의 논의라 할 수 있다. 대중문화를 정의하는 방법은 다양하다.55) 첫째로, 대중문화는 단순히 많은 사람들이 폭넓게 좋아하는 문화라고 정의될 수 있다. 둘째로, 대중문화란 고급문화라고 결정된 것 이외의 문화를 지칭하는 것으로 볼 수 있다. 여기서 대중문화란 매튜 아놀드가 지적한 대로 열등하고 저급한 B급문화 정도로 취급된다. 셋째로, 대중문화는 대량문화로 이해된다. 여기서 대중문화는 대량소비를 위해 대량생산된 것이며 관중은 무분별한 대량소비자 집단이다. 이러한 대량문화의 관점에서 대중문화는 어쩔 수 없는 상업문화로 규정된다. 넷째로, 대중문화란 민중(the people)으로부터 발생되는 문화이다. 여기서 대중문화는 민속문화로 이해된다.

---

54) W.F. Ogburn, *On Culture and Social Change*, 3.

55) John Storey, *An Introductory Guide to Cultural Theory and Popular Culture*, 박모 역, 위의 책, 18-30.

다섯째로, 안토니오 그람시의 관점에서 대중문화는 사회 피지배계층의 저항력과 지배계층의 통합력 사이의 투쟁의 장으로 이해된다. 즉, 지배-피지배 계급 간, 지배-피지배 문화 간의 이데올로기적 투쟁이 일어나는 영역으로 이해된다. 대중문화에 대한 여섯 번째 이해는 포스트모더니스트들의 관점에서 비롯된 것이다. 그들에게 있어서 모든 문화는 포스트모던 문화이다. 여기서 문화는 더 이상 고급문화와 대중문화의 구분이 인정되지 않는다. 또한 대중/대량문화의 근본적인 구분에도 반대하며 모든 문화는 상업문화라고 단언한다. 말하자면 포스트모던 문화는 상업과 문화의 상호침투(즉 구분의 모호해짐)를 특징으로 하는데 그 예로 꼽히는 것이 텔레비전 광고와 팝 음악의 관계이다. 이상에서 대중문화에 대한 여섯 가지 접근 방식들을 살펴보았는데 그 중에서도 첫 번째, 두 번째 이해를 제외한 나머지 네 가지 접근방식들은 오늘의 대중문화에 대한 분석을 위해 모두 유용한 접근방식들이라고 여겨진다.

Ⅲ. 복음과 문화의 관계유형

2000년 동안의 교회역사를 보면, 기독교 복음의 문화에 대한 관계는 다양하게 나타났다. 잘 알려져 있듯이, 리차드 니버는 문화에 대해 교회가 취해 왔던 여러 가지 대응방식들을 다섯 가지 유형으로 정리한 바 있는데, 첫째 유형은 "문화에 대립하는 그리스도"(Christ against culture)이다. 이 입장은 기독교와 문화의 관계를 대립적 관계로 본다. 여기서는

세상문화가 반기독교적인 것으로 생각되기 때문에 세상문화
는 거부되고 배격된다. 이 유형의 대표자는 터튤리안, 톨스토
이이다. 터튤리안은 죄가 가장 많은 곳이 문화의 영역이라고
생각하였고 정치생활, 병역의 의무를 기피하라고 하였으며
철학과 예술에 대해서도 강하게 배격하는 태도를 보였다. 톨
스토이 역시 문화의 모든 국면이 비난의 대상이 된다. 국가
와 교회와 재산제도가 악의 소굴임은 물론이고 철학, 과학,
예술 등도 역시 정죄의 대상이 된다.56)

　　두 번째 유형은 "문화의 그리스도"(Christ of culture)이
다. 이것은 기독교를 세상문화와 동일시하는 태도이다. 헬라
시대에 기독교와 문화 사이의 어떠한 긴장이나 갈등도 인정
하지 않는 이 태도를 대표하는 그룹은 기독교적 영지주의자
들이었다. 그들은 기독교를 당시의 문화에 조화시키려고 노
력했고 양자 사시의 모든 긴장을 제거하려고 했다. 아벨라르
드 역시 그리스도에 대한 교회의 신조와 행위에 대한 그리스
도의 명령을 문화 안의 최선의 요소와 일치시키려고 했다.
19세기에 이런 입장을 대변했던 사람은 바로 쉴라이어마허이
다. 그는 그리스도를 문화에 조화시키는 동시에 가장 그리스
도에게 적합하다고 생각되는 요소들을 문화에서 뽑아 그것을
그리스도에게 일치시키려고 하였다. 이러한 입장은 그리스도
의 통치영역을 확장하는데 공헌이 있기는 하나, 기독교의 정
체성이 약화되는 문제점이 있다고 하겠다.57)

　　세 번째 유형은 "문화 위의 그리스도"(Christ above culture)

---

56) H. Richard Niebuhr, *Christ and Culture,* 김재준 역, 『그리스도와 문화』 (서울: 대한
　　기독교서회, 1978), 52-70.
57) 위의 책, 89-115.

이다. 이것은 문화를 인정하면서도 그리스도가 언제나 문화를 초월해 있다고 보는 입장이다. 이 입장의 대표자는 문화의 존중과 그리스도에 대한 충성을 결합하려 했던 클리멘트와 그리고 철학과 신학, 국가와 교회, 세속윤리와 기독교윤리, 자연법과 신법, 그리스도와 문화 등의 사이에 혼동 없는 결합을 성취했던 토마스 아퀴나스이다. 이 입장은 불신자와 협동해야 할 사업에 대한 합리적인 근거를 제공하였고, 헬라의 지혜와 로마의 법을 현대문화에 전달해주었다는 점에서 공헌이 있으나 이 종합의 유형은 불가피하게 상대적인 것을 절대화하며 생명적인 것을 물질화하는 경향을 가질 수 있으며, 복음 자체보다는 복음과 종합된 그들의 문화를 수호하는데 더 많은 관심을 가지게 되며, 인간이 하나님의 권력을 행사하려는 모습이 나타날 수 있으며, 인간 행위 안에 내포된 근본악에 대하여 진지하게 대결하려고 하지 않는다는 문제점이 있다.58) 또한 이 유형은 기독교가 문화 위에 군림하게 될 때 문화의 자율성이나 다양성을 약화시킬 수 있는 문제점이 있다.

　　네 번째 유형은 "역설적인 관계에 있는 그리스도"(Christ and culture in paradox)이다. 이것은 이원론자의 입장이다. 이 입장에서 기독교인은 서로 합의되지 않는 두 권위에 동시에 복종하지 않을 수 없다. 인간 문화 전체가 무신적이요 부패한 것이지만 이원론자는 그 자신 역시 그 문화에 속해 있기에 거기에서 도저히 벗어날 수 없다. 여기서 기독교인의 실존은 역설적 존재로 이해된다. 즉 "그는 율법 아래 있다. 그러나 율법 아래 있는 것이 아니라 은혜 아래 있는 것이다. 그는 죄인이지만 의롭다. 그리스도 안에서 모든 것이 새로워

---

58) 위의 책, 124-150.

졌다. 그러나 모든 것은 맨 처음의 그것과 같은 것으로 남아 있다." 그래서 시간과 영원, 진노와 자비, 문화와 그리스도 사이에 끼어 사는 이원론자들은 삶이란 비극과 희열을 함께 가지고 있음을 발견한다. 이 세상을 떠날 때까지는 이 딜레마를 해결할 길이 없다. 그러기에 이들에게는 갈등을 느끼는 경우가 많으며 더 좋은 문화에 대한 희망은 그들의 주요 관심사가 아니다. 이 입장은 기독교인의 실존의 역동적인 본성을 잘 이해하였으며 인간의 부패성의 깊은 뿌리를 드러내 보이려고 노력했다는 점에서 공헌이 있다. 그러나 이원론은 기독교인을 반율법주의로 인도하며 문화적으로 보수주의에 빠지게 한다는 약점이 있다.

다섯 번째 유형은 "문화의 변혁자로서의 그리스도"(Christ, the transformer of culture)이다. 이 입장은 문화에 대해 적대적인 태도를 보여 거부하거나 도피하는 것도 아니고 또한 무조건 문화에 동조하는 것도 아니며 그렇다고 기독교가 문화 위에 군림하면서 강제력을 행사하지도 않는다. 오히려 이것은 기독교가 사회와 문화를 새롭게 변화시키려는 입장이다. 변혁유형은 자기 영광을 높이는 모든 문화활동이 하나님의 심판 아래 놓여 있다는 사실과 동시에 그 문화는 하나님의 주권적 통치 아래 있다는 것을 믿는다. 이 입장은 그리스도를 통하여 전 세계가 변화되어야 한다는 기대를 가지고 있고, 인간의 삶의 방향이 그리스도를 통해 자기중심성에서 그리스도 중심성으로 전환되고 하나님의 주권에 순복하는 삶으로 변화될 수 있다고 믿는다. 이 입장의 대표자로는 아우구스티누스와 깔뱅, 모리스 등이 있다.[59]

---

59) 위의 책, 190-228.

이처럼 니버는 문화에 대한 기독교적 삶의 방식을 크게 다섯 가지 유형으로 구분한다. 그러나 본고에서는 한국문화 속의 기독교의 모습을 로버트 웨버를 따라 세 가지 유형의 관점에서 살펴보고자 한다. 웨버의 세 가지 유형의 모델은 분리 모델, 동일시 모델, 변혁적 모델이다.[60] 첫째로, 분리모델은 사회의 구조에 참여하는 것을 거부하거나 문화 창조에서 활동적인 노력을 하지 않음으로써 어떻게 해서든지 이 세상으로부터 벗어나려는 온갖 시도를 다 포함한다. 둘째로, 동일시 모델은 문화와 타협을 통해 삶의 구조에 참여하는 것을 옹호하는 모델이다. 이 모델의 특징은 기독교(복음)와 문화 사이의 어떠한 긴장이나 대립, 갈등도 인정하지 않는 태도를 보인다는 점이다. 셋째로, 변혁적 모델은 삶의 구조란 복음을 통해 지금 여기서 또 궁극적인 역사의 목표를 통해서 미래에 변화될 수 있다고 믿는다.

IV. 한국문화의 어제와 오늘

1. 한국의 종교문화

1) 무교문화
① 무교의 기본구조

유동식에 따르면 "무교란 노래와 춤으로써 강신망아경(降神忘我境)에 이르는 체험을 통해 신령의 힘을 빌어서 인

---

[60] Robert E. Webber, *The Secular Saint: The Role of the Christian in the Secular World*, 이승구 역, 『기독교문화관』 (서울: 도서출판 엠마오, 1990), 15-16.

간의 소원을 성취하려는 원시종교현상이다."61) "무교란 노래
와 춤으로써 신령을 섬기되 신과 인간이 하나로 융합됨으로
써 신령의 힘을 빌어 재액(災厄)을 없애고 복을 초래하자는
한 원시종교현상이다."62) 흔히들 샤머니즘, 무속, 무교라고
일컫는 무속신앙을 그저 '무'라고 지칭하는 조흥윤은 "무란
요컨대 인간과 신령과 무당이 함께 굿이라고 부르는 제의에
서 만나 인간의 문제를 풀어버리는 것이다. 인간(단골)에게
문제가 생겼을 때 그는 무당과 상의하여 굿을 벌이고 거기서
무당이 중재하여 신령과 만남으로써 문제가 풀어진다."63)고
설명한다.

　　여기서 무교의 기본 구조를 발견할 수 있는데 이는 '무'
(巫)라는 한자 속에서 잘 표현된다. 무(巫)라는 한자의 위에
있는 ￣ 는 하늘 또는 신을 뜻하고 아래의 ＿ 는 땅 또는 인
간을 뜻하는 것으로 이해된다. 그러므로 가운데 있는 작대기
는 하늘과 땅, 신과 인간의 결합을 상징한다.64) 그리고 이 둘
의 결합을 위해 춤을 추고 있는 무당의 존재가 있다. 먼저
무당의 신령은 조상신, 정신, 잡귀잡신의 세 범주로 되어 있
다. 조상신은 친가와 외가의 조상신을 말하는 것이고 정신은
하늘, 땅, 산, 바다, 물의 신령을 비롯하여 영웅신, 시조신과
이 외에도 중국의 도교 및 불교의 신령들까지도 포함하는 신
령들이다. 잡귀잡신은 억울하고 원통하게 죽은 넋이나 사회
에서 천대받던 사람들의 넋, 그 밖에 집안과 마을에 흩어져
있는 잡다한 수호영들을 포함한다.65)

---

61) 유동식, 『민속종교와 한국문화』 (서울:현대사상사, 1984), 43.

62) 위의 책, 268.

63) 조흥윤, 『한국무의 세계』 (서울: 민족사, 1997), 60.

64) 유동식, 『민속종교와 한국문화』, 59.

무교의 기본구조에는 이렇게 최고의 자리에 초월적 존재로서의 신령이 있는데 그 외에 신령을 신봉하는 단골, 그리고 그 신령과 단골 사이를 중재하는 무당이 있다. 그리고 무교의 가장 중심이 되는 의례인 굿이 있는데 이는 크게 기복제, 치병제, 송영제 등의 세 유형으로 나누어진다. 첫째는 복을 빌기 위한 기복제이다. 이는 풍부한 재물과 연명, 장수 그리고 평안을 빌기 위한 굿이다. 둘째는 병을 고치기 위한 치병제다. 이는 역신을 몰아내고 병을 고치기 위한 푸닥거리, 곧 치병굿이다. 셋째는 죽은 자의 영을 저승으로 보내기 위한 사령제 또는 송영제이다. 즉 죽은 이의 살풀이 또는 원한을 풀어주고 망령을 저승으로 보내는 진오기굿이나 씨끔굿 등을 말한다. 결국 무교의 주요관심은 현세에서 풍요한 생명과 재물을 소유하고 탈 없이 평안을 누리고 살자는 데 집중되어 있다. 사실 죽은 자의 영을 저승으로 돌려보내는 사령제의 경우도 저승에 관심이 있거나 죽은 자의 명복에 관심의 초점이 있는 것이 아니다. 다만 방황하는 망령이 후손들에게 후환을 가져올까 두려워서 그를 달래 저승으로 보내고 이 세상에 평안을 가져오자는 데 사령제의 주된 목적이 있다.[66]

② 무교문화의 특징

"무교란 음주가무로써 신을 섬기되 제재초복(除災招福)을 목적으로 하는 종교현상이다."[67]라는 사실에서 볼 수 있듯이, 무교문화의 첫 번째 특징은 기복주의이다. 거의 모든

---

65) 조홍윤, 『한국무의 세계』, 236.

66) 유동식, 『민속종교와 한국문화』, 84, 270-271.

67) 위의 책, 94.

굿은 재앙을 물리치고 복을 가져오는 것을 목적으로 한다. 그리고 이 복은 그저 이 세상에서 재물을 많이 소유하고 질병 없이 오래 살고, 아무 탈 없이 평안을 누리고자 하는 복을 말한다. 이런 점에서 무교적 가치관이란 철저히 물질주의적이고 현세중심적이고 기복주의적인 가치관이라고 할 수 있다. 그러므로 거기에는 "초월적 가치의 세계라든가 인간관계에 필요한 사회윤리적 가치의 세계가 결여되어 있다."68)

무교문화의 두 번째 특징은 의타주의이다. 무속신앙에 따르면 인간만사는 신령과 악귀의 소행으로 그 길흉이 결정된다. 이 같은 귀신신앙은 그 신봉자들에게 공포심을 조장함으로써 주체성을 상실하게 만든다. 현실에서 부딪히는 자신의 문제를 귀신의 탓으로 투사하고 굿만 하면 만사가 해결되는 것으로 믿게 한다. 이처럼 귀신신앙은 귀신에 대한 공포심을 조장하고 사람들의 정신과 마음을 불안하게 함으로써 이성의 힘을 마비시키며, 자기 생활에 대해 자신이 책임지려 하기보다는 신령이나 무당에게 의지하여 자신의 문제를 풀어보려는 나약한 인간으로 만든다.69)

셋째로, 무교문화는 운명론적이다. 무속신앙은 인간의 생사화복 등 자신의 운명 일체가 신령에게 달려 있는 것으로 믿고 자신의 소원을 신령에게 빌거나 무당을 통해 그 소원을 성취하고자 한다. 그러나 무속행위를 통해 소원성취를 못할 경우에는 이것을 신령의 뜻으로 받아들이고 쉽게 체념한다. 이것이 무속신앙의 운명론이다.70)

---

68) 위의 책, 271.

69) 문상희, '무속신앙의 윤리문제,' 한국기독교문화연구소 편, 『한국교회와 신학의 과제』, (서울: 연세대학교출판부, 1985), 262-263.

70) 위의 책, 263.

넷째로, 무교문화에는 역사의식이 결여되어 있다. 무속신
앙에는 역사의 시작이 있고 종말이 있다는 직선적인 역사관
이 없다. 그러기에 시작도 없고 끝도 없이 되풀이하는 비역
사적인 역사만이 있을 뿐이다. 역사의 방향, 역사의 목적, 역
사의 의미에 대한 의식은 찾아보기 어렵다. 무속적 신앙인들
은 그저 재앙을 면하고 현실적인 행복만 있으면 그만이라고
생각한다. 그들에게는 현실적이고 물질적인 행복만이 궁극적
인 관심사이다.[71]

2) 유교문화
① 유교의 기본사상

무속 또는 무교가 동북아시아의 원시신앙을 연원으로 하
여 민중 속에 깊이 뿌리내린 민간신앙이었다면, 유교란 중국
문화를 배경으로 하여 우리의 전통 사회에 통치원리와 행동
규범을 제공해 왔던 한국의 전통종교이다.[72] A.D. 372년에
국학대학인 태학이 설립된 이래 1600여 년간이라는 가장 오
래된 역사적 연원을 가지면서 오늘날에도 한국인의 생활 속
에 깊이 뿌리 내려 있는 전통종교로서 유교의 사상이란 "공
자가 당, 우의 시대의 문화와 하,은,주 시대의 문화를 집대성
하여 체계화한 인간중심의 인본주의사상"이라 할 수 있다.[73]
다시 말해 유교는 인(仁)을 중심으로 해서 이루어진 인류사
상이다. 유교의 중심사상인 인(仁)은 공맹사상의 핵심이며 유
교도덕의 진수이다. 공자는 무엇보다 인을 중시하여 "사람이

71) 위의 책, 265.
72) 금장태, 『유교사상의 문제들』, (서울: 여강출판사, 1991), 166.
73) 임동철, "한국유교문화," 『세계 속의 한국문화』, (서울: 송산출판사, 1984), 62.

불인하면 예(禮)와 악(樂)이 다 소용없으며 인을 떠나서는 군자가 될 수 없고 인은 목숨보다 더 중요하다."고 역설하였다.

그런데 논어에는 인에 대한 설명이 모두 묻는 사람에 대한 응병시약격(應病施藥格)으로 시, 처, 인(時, 處, 人)에 따라 각각 다르게 설명되고 있기에 인을 한마디로 단언하기는 어렵다. 그러나 몇 가지로 나누어 요약하면,74) 첫째로 인은 애인을 의미한다. 인의 자의(字義) 역시 인간간의 관계에서 친후함을 의미한다. 또한 인이 무엇이냐고 묻는 제자에게 공자(孔子)는 "사람을 사랑함"(愛人)이라고 대답하였으며 맹자 역시 "인자(仁者)는 애인(愛人)한다."고 하였다. 이렇게 볼 때 '인은 남을 자신과 같이 사랑하는 것'(愛人如愛己)이라 할 수 있다. 그런데 이러한 유교의 인은 무조건적인 사랑이 아니라는 점에서 기독교의 사랑과 구별된다. "나를 미워하는 적에게도 인으로 대해야 되느냐"라고 묻는 제자의 질문에 공자는 단호하게 그렇게 해서는 안 된다고 하였다. 그는 "미움에 대해서는 그에 맞는 곧음(直)으로 대처해야지 인으로 대하면 너의 인을 낭비할 것"이라고 대답하였다.75)

둘째로, 인은 애인뿐만 아니라 모든 의(덕)의 총체 및 인격완성의 최고경지를 의미한다. 인은 의(義), 예(禮), 지(智), 신(信) 등의 오상(五常)의 덕(德)과 천하의 달덕(達德)인 지(知), 용(勇)을 포함할 뿐 아니라 인(忍), 공(恭), 경(敬), 충(忠), 관(寬), 민(敏), 혜(惠) 등의 제덕(諸德)을 다 함유하고 있다. 인은 만선과 만덕을 구유한 상태인 것이다.

---

74) 최기복, 『유교와 서학의 사상적 갈등과 상화적 이해에 관한 연구』, (서울: 성균관대학교대학원, 1989), 99-102

75) 최준식, 『한국의 종교, 문화로 읽는다』, (서울: 사계절, 2000), 135.

　　다음으로 유교에는 인을 구체적으로 실천하는 방법으로 서의 현실화 개념들이 있다. 대표적으로 인의 첫 번째 발현 단계가 되는 효(孝), 제(悌)의 개념과 인의 발현이 구체적으로 외형화되는 극기복례의 개념이 있다. 첫째로 효(孝)와 제(悌)는 인을 실천하는 근본 덕목이다. 공자의 제자 유약은 말하기를, "군자는 근본을 힘쓰니 근본이 확립되면 도가 발생하는 것이다. 효와 제라는 것은 그 인을 행하는 근본일 것이다."라고 하였다. 여기서 효는 자녀가 부모를 공경과 사랑으로 잘 섬기는 것이요 제는 형과 어른을 잘 섬기는 것이다.[76] 여기서 중요한 것은 유교의 인은 효로 시작된다는 사실과 이 효는 내 부모와 남의 부모를 구분하는 데서부터 시작된다는 사실이다. 그 결과 우리는 내 부모 또는 내 가문 우선주의의 사랑에 치중하게 되었다.[77] 다음으로 주목할 것은 부모에 대한 효나 형에게 공손하게 대하는 제(悌)가 강조되는 사실에서 알 수 있듯이 유교사상에서는 주로 아랫사람이 윗사람들을 어떻게 모셔야 하는 것에만 집중하고 있다는 사실이다.[78] 그 결과 윗사람에 대한 아랫사람의 의무만 강요되고 아랫사람에 대한 윗사람의 도리는 무시되는 폐단이 생겨났으며, 부모와 자식 간, 윗사람과 아랫사람 간의 민주적인 상호교통의 관계는 없어지는 폐단이 생겨났다.[79]

　　둘째로, 인을 실현하는 또 다른 방법은 극기복례(克己復禮)이다. 극기복례는 공자의 제자 안연(顔淵)이 인에 대해 묻

---

76) 유석성, '인의 윤리적 의미: 서(恕)와 황금률,' 「신학과 선교」, (31권, 2005), 157.

77) 최준식, 앞의 책, 131.

78) 위의 책, 132.

79) 최준식, 앞의 책, 143.

자 공자가 대답한 것이다.[80]

안연이 인을 묻자 공자께서 말씀하셨다. "자기의 사욕을 이겨 예에 돌아감이 인을 하는 것이니 하루 동안이라도 사욕을 이겨 예에 돌아가면 세상 사람들이 모두 인으로 귀의할 것이다. 인하게 되는 것이 자기에게 달려 있지 남에게 달려 있겠는가?" 안연이 말했다. "그 조목을 여쭙고자 합니다." 공자께서 말씀하셨다. "예가 아니면 보지 말고, 예가 아니면 듣지 말고, 예가 아니면 말하지 말고, 예가 아니면 움직이지 말라." 안연이 말하였다. "제가 비록 불민하지만 이 말씀을 받들어 실천하겠습니다."

극기복례란 자기의 사욕을 이겨 예로 돌아가는 것을 말한다. 그런데 예의 구체적인 모습은 무엇일까? 그것은 바로 제 2기 유학발달의 선두주자였던 맹자(孟子)가 확정시킨 (삼강)오륜이다. 오륜은 잘 알려진 대로, 부자유친(父子有親), 군신유의(君臣有義), 부부유별(夫婦有別), 장유유서(長幼有序), 붕우유신(朋友有信)이다. 유교사상 가운데 이것처럼 우리의 사회생활에 심대한 영향을 끼친 것도 아마 없을 것이다. 그러나 세월이 바뀌면서 오늘날 대부분의 오륜은 영향력을 상실해 가고 있다. 그럼에도 불구하고 아직까지도 여전히 강력한 영향력을 행사하고 있는 것이 있는데 바로 장유유서이다. 장유유서란 나이로 구분되는 서열의식을 말한다.[81]

맹자와는 달리 성악설을 주장한 순자(荀子)는 인간의 본성이 악하기 때문에 사회윤리의 규범을 인심 내부에서는 구

---

80) 유석성, 『인의 윤리적 의미: 서(恕)와 황금률』, 159-160.
81) 최준식, 앞의 책, 141-142, 188.

할 수 없고 반드시 성왕이 군중들의 탐욕 쟁탈을 방지하는
사회생활 속의 분(한계설정)을 세워주어야 한다고 보았고 바
로 이 "한계(分)를 정해 주는 데서 예가 생기는 것이다."라고
하였다.82)

② 유교문화의 특징

유교문화의 가치체계의 특징으로는 인본주의, 권위주의,
가족주의, 형식주의 등을 들 수 있다.83) 첫째 특징은 인본주
의이다. 이는 인간의 가치, 정신의 가치를 중시하여 개인의
도덕적 완성을 강조하는 특성 또는 물질적 가치보다는 인간
적 가치를 더 강조하는 가치지향성을 말한다. 여기서 인간의
완성이란 초월적, 신적 구원사상에 의한 것이 아니라 도덕적
수양을 통한 인간의 완성을 의미한다.

둘째는 권위주의(계급의식)이다. 이는 인간관계와 사회윤
리를 규정하는 유교적 정통사회의 기본 원리가 철저하게 상
하의 위계적인 서열관계로 되어 있었음을 말한다. 즉 군신,
부자, 부부, 장유의 모든 기본적 인간관계가 종적인 지배-피
지배의 관계로 규정되었을 뿐 아니라 문무, 사농공상, 양반과
상민 등의 모든 직업과 신분집단의 관계도 엄격한 위계구조
로 되어 있었던 특성을 말한다.

셋째는 가족주의(집단주의)이다. 가족주의란 일체의 가치
가 가족 집단의 유지와 지속 기능과 관련을 맺어 결정되는
사회의 조직형태를 말한다. 다시 말해 가족에 대한 애착 내
지 관심이 다른 의욕과 동기를 압도하고 행동의 주도권을 잡

---

82) 이상은, 『유학과 동양문화』, (서울: 범학사, 1981), 22.
83) 정원범, 『기독교윤리와 현실』, (서울: 성지출판사, 1999), 80.

는 생활태도이다. 오늘날 한국인의 의식특성인 연고주의(학연, 지연), 파벌의식과 같은 특수주의적 집단주의 가치관은 전통적인 가족주의 가치관에 그 뿌리를 두고 있다.

넷째 특성은 형식주의이다. 이는 한국유교가 예승상을 철저화하면서 형성된 특성이라 할 수 있다. 예승상은 자연히 예의 형식과 절차를 중시하는 까닭에 내용과 실질에 앞서서 외관과 형식을 존중하는 형식주의를 초래했다.

2. 오늘의 한국문화

오늘날의 한국문화는 한국의 전통적인 종교문화를 기반으로 하는 것이지만 해방이 되면서부터는 근대화, 산업화 과정에서 유입된 서구문화의 영향이 크게 작용하고 있다고 할 수 있다. 따라서 오늘의 한국문화를 이해하기 위해서는 현대 서구문화에 대한 이해가 필수적이다. 왈쉬와 미들톤은 현대 서구문화의 특징을 과학주의, 기술주의, 경제주의 등 세 가지로 규정하고 있는데[84] 이와는 다르게 서구의 현대문화를 세속주의, 개인주의, 다원주의 등으로 규정할 수도 있을 것이다. 그러나 본고에서는 왈쉬와 미들톤의 세 가지 규정에 쾌락주의를 추가하여 살펴보기로 하자.

첫째 특징은 과학주의이다. 현대 세계관의 기초를 이루고 있는 것은 인간 이성 특히 그것이 과학적 방법이라는 형태로 자연세계와 인간 세계에 대한 지식을 망라해서 제공할 수 있다는 깊은 종교적 신념이다. 여기서는 과학이 실재를

---

[84] B.J. Walsh and J.R. Middleton, *The Transforming Vision*, 황영철 역, 『그리스도인의 비전』, (서울: Ivp, 1990), 161-171.

이해하는 유일한 방법으로 여겨지고 인간의 삶을 해석하는
유일한 수단이 된다. 뿐만 아니라 과학을 통한 유토피아적인
삶이 가능하다고 여긴다. 이러한 과학주의 체계에서는 물질
주의가 존재하는 모든 것이다. 따라서 여기에는 내세의 삶도
없고 인간의 바람직한 삶에 대한 절대적인 요구도 없다. 혹
시 종교적이고 윤리적인 관심사가 있다고 해도 그것은 자연
법칙을 따라 설명될 뿐이다.[85]

둘째로, 기술주의이다. 기술주의는 과학주의의 성과를 기
초로 한다. 기술은 과학적 발견을 인간의 힘으로 바꾼다. 기
술사회를 사는 현대인들은 인간의 문제들에 대한 해답이 있
다고 한다면 그것은 오직 과학과 기술뿐이라고 확신한다. 그
들은 더 나은 내일을 위한 길이 기술을 통해 열릴 수 있다고
믿는다.[86] 여기서 기술주의가 문제가 되는 것은 우선, 기술은
신성한 것을 비신성화하고 그 다음으로 자신을 신성화한다는
점이다. 엘룰이 말한 대로, "기술은 아무 것도 예배하거나 존
경하지 않는다. 그것은 한 가지 규칙만을 가지고 있다. 즉 외
관을 벗기고 모든 것을 드러내고 이성적 사용으로 모든 것을
수단으로 바꾸는 것이다."[87] 그리하여 결국 "기술은 신성한
것을 점령하고 그것을 예속시킨다."[88] 그리고 나서 기술은
자신을 신성화한다. 이것이 바로 기술의 우상성이다. 기술은
또 다른 문제점을 야기하는데 하나는 주체의 억압이요, 다른

---

[85] Robert E. Webber, *The Church In The World: Opposition, Tension, Or Transition?* (Grand Rapids: Michigan, 1986), 173-175.

[86] S.V. Monsma, ed., *Responsible Technology*, (William B. Eerdmanns Publishing Company, 1986), 53.

[87] J. Ellul, *The Technological Society*, 142.

[88] 같은 곳

하나는 의미의 억압이다. 먼저 주체의 억압을 살펴보자. 어떤 기술을 가진 사람을 필요로 하는 경우 그 사람이 기술을 가지고 있다면 그가 어떤 사람인가 하는 것은 중요하지 않다. 그가 누구이든 문제되지 않는다. 또 기술세계에서는 전통적인 인간관계는 소원해진다. 기술이 주체의 억압을 초래하는 것이다. 다음으로, 의미의 억압이란 기술사회에서 모든 것은 하나의 수단일 뿐 목적은 사라져 버리는 현상을 말한다.89)

셋째로, 경제주의이다. 과학주의가 전지를 제공하고 기술주의가 전능을 제공하는 동안에 경제주의는 충만하고 영광스런 물질적 부요에 대한 깜짝 놀랄 약속을 제공하고 있다. 현대인에게 가장 지배적인 목표는 이윤의 극대화와 물질적 번영이다. 그 결과는 과잉생산을 초래하기도 했고 과잉생산은 자연환경의 오염과 파괴로 연결되었다. 이윤 동기를 절대화하는 경제주의는 이렇게 자연 자원의 낭비, 자연환경의 오염과 파괴뿐만 아니라 여러 가지 비인간화 현상, 압제, 부의 양극화, 계층의 양극화, 빈곤의 고착화 등 수많은 사회적인 악을 초래하였다.90)

넷째로, 쾌락주의이다. 닐 포스트만은 오늘의 미국문화를 가리켜 오락을 즐기다 죽음에 이르는 문화('죽도록 즐기기' 문화)라고 비판한다. 그는 미국문화 전체가 라스베가스와 헐리우드의 쇼 비즈니스를 본받고 있다고 주장한다. 쇼 비즈니스를 전형으로 삼는 문화는 재미와 오락을 가장 중요한 가치로 간주한다. 그리하여 무엇이건 재미있어야 한다는 이데올

---

89) 정원범, 『기독교윤리와 현실』, (서울: 성지출판사, 1999), 216-217.

90) S.V. Monsma, ed., *Responsible Technology*, 53-54; Robert E. Webber, *The Church In The World: Opposition, Tension, Or Transition?* 179-182.

로기의 지배하에 들어간 오늘의 시대는 정치, 경제, 뉴스는
말할 것도 없고 심지어 종교까지도 즐거움을 추구하게 되었
다. 서구와 마찬가지로 우리의 대중문화도 오락성을 본질로
삼는 문화로 넘쳐나고 있다. 물론 놀이와 재미를 추구하는
우리의 삶에 필요한 것이고 정당한 것이다. 그러나 문제가
되는 것은 이 시대의 문화가 진리와 윤리, 신앙과 가치, 진지
함과 성숙함 등은 소홀히 한 채, 재미와 오락만을 무한정으
로 추구하는 가운데 소비주의, 쾌락주의, 퇴폐적인 성향을 드
러내고 있다는 데 있다.[91]

V. 한국문화와 한국교회의 관계유형의 변천사

전통적인 종교문화의 토대와 현대의 서구문화의 영향을
받아 형성된 한국문화 속에서 한국교회는 어떻게 응답해 왔
을까? 한국교회사를 보면, 웨버가 말하는 세 가지 유형이 모
두 있어 왔고 또 오늘날에도 이 세 가지 유형은 공존해 있는
것이 사실이다. 그러나 한국문화에 응답해 온 한국교회의 반
응들을 큰 흐름의 특징에서 보면, 한국교회는 대략 다음과
같은 변천의 역사를 가지고 있다고 여겨진다. 즉 한국교회
선교역사 초기에는 변혁유형이 우세했고, 그 다음으로는 분
리유형의 특징을 보이다가 해방 이후, 특히 1960년대 이후부
터는 주로 세속문화에 타협하고 적응해 가는 동일시 유형이
우세하게 나타나고 있다고 여겨진다. 말하자면 근대 이후의

---

[91] 신국원, 『신국원의 문화 이야기: 문화전쟁시대의 기독교문화전략』, (서울: Ivp, 2002), 26-31.

한국교회는 세속문화를 변혁하려는 역사변혁의 동력으로 작용하기보다는 오히려 한국문화의 세속적 가치체계의 포로가 되어가는 동일시 유형의 모습이 두드러진다고 여겨진다.

1. 변혁유형의 한국교회

먼저 변혁유형의 한국교회의 모습에 대해 살펴보자. 조선사회에 있어서 유교적인 신분윤리는 지배와 억압의 본의가 있는 것은 아니었지만, 오랜 기간 동안 권력이 독점되고 신분적 차별이 심화되면서 인성의 보편적 동질성을 역행할 뿐 아니라 신분 간의 유대를 깨뜨리는 갈등을 유발하게 되었다. 이런 시기에 천주교 신앙이 전파되어 신분적 제도로 억압되었던 계층에 광범위하게 영향을 미치면서 유교 전통의 사회질서에 동요를 일으켰다. 천주교인들은 반상의 신분윤리를 무시하고 신앙공동체를 형성하였는바 이는 한국교회 역사 초기의 대표적인 변혁유형의 범례라 할 수 있다. 이 점에 있어서는 개신교와 천주교가 크게 다르지 않았다고 볼 수 있는데, 이렇게 초기의 한국교회는 유교질서의 부정 또는 극복을 통해 새로운 문화 창조를 위한 역사 변동세력으로 나타났던 것이다.92) 피셔(J.E.Fisher)가 지적한 대로, 신분제도를 초월해서 인간의 평등과 인간의 가치를 증진시킨 이 점은 한국문화에 있어서 한국교회가 끼친 큰 공헌이 아닐 수 없다.93)

이 외에도 초기의 한국교회는 관료사회 속에 만연되었던 부정부패와 온갖 사회의 억압과 구조적인 불의에 저항하기도

---

92) 박영신, 『현대사회의 구조와 이론』, (서울: 일지사, 1983), 147-172.
93) 서정기 외, 『세계 속의 한국문화』, (서울: 송산출판사, 1984), 127.

하였고 일본제국주의 침략이 노골화되었을 때는 정치, 경제
적 방법이나 예배의식을 통해서 민족의식을 고취하기도 하였
으며94) 다양한 사회활동들을 전개하였는데 예를 들면, 주초
금지 등을 통한 절제운동, 우상과 미신타파, 의료선교와 인간
화프로그램, 백성과 노비의 해방, 3.1운동의 참여, 농촌개혁운
동, 기독교교육사업을 통한 사회참여 등 다양한 활동들이 있
었다. 이 모든 것들은 사회개혁과 문화변혁을 향한 교회의
의지의 표출이었다고 할 수 있다.95)

　　이렇게 당시의 한국교회가 역사변혁의 동력이 되었던 원
인은 무엇인가? 이것은 당시 상황에서 기독교인이 된다는 것
이 의미하는 바가 무엇인가를 아는데서 쉽게 발견된다. 당시
에 기독교인이 된다는 것은 묵은 관습, 신분질서, 축첩관계
등 필요하다면 모든 유교적 인륜관계까지도 거부할 것을 교
회회원 앞에서 공식적으로 서약하고 서약에 위반하면 회원의
자격을 잃고 마는 강력한 행동규범을 준수하는 것을 의미하
는 것이다.96) 이렇게 해서 초기의 한국교회의 구성원들은 적
극적이든, 소극적이든 모두가 개혁적인 삶의 주인공들이었
다.97) 이처럼 초기의 한국교회는 문화변혁유형이 우세했던
교회였다.

---

94) 김권정, "한국사회와 기독교의 수용," 기독교문화역사연구소 편, 『11명의 전문가 본
　　한국의 기독교』, (서울: 도서출판 겹보기, 2001), 32.

95) 민경배, 『한국기독교 사회운동사』, (서울: 대한기독교출판사, 1987), 42-122.

96) 박명신, 위의 책, 169.

97) 박정신, "기독교와 한국역사," 『11명의 전문가 본 한국의 기독교』, (서울: 도서출판
　　겹보기, 2001), 43.

2. 분리유형의 한국교회

그러나 애석하게도 선교역사 초기에 두드러졌던 한국교회의 변혁유형의 특징은 1919년 3.1 만세운동의 좌절을 경험하면서부터 분리유형의 교회로 전환되기 시작한다. 이에 대해 박정신은 이렇게 말한다.

3.1운동 이후의 기독교는 이전과는 달리 민족공동체의 사회, 정치적 문제를 외면하기 시작했다. 교회는 이 세상 문제를 논의하는 곳이 아니라 '저 세상'을 바라보는 곳이 되었다.98)

3.1운동 이후에 빗발친 기독교에 대한 혹독한 비판과 질타는 교회지도자들의 '비정치화' 작업과 이어져 있다. 3.1운동 후 교회 지도자들은 독립운동과 같은 정치운동과 기독교 공동체 사이에 놓여 있는 이음새를 끊으려 했었다. 이전에 교회가 사회, 정치적 세력을 껴안고 있었는데 이제는 이들을 교회 울타리 밖으로 축출하고자 했다. 1920년대에 치솟기 시작한 기독교에 대한 비판은 바로 교회 지도자들이 전개한 교회의 비사회화, 비정치화 작업에 대한 반응이었다. … 왜 이들은 교회와 사회 사이에 담을 쌓아 그 속에 안주하려 했는가 하는 질문으로 이어진다.99)

즉 1919년 이후의 한국교회는 '순수종교화'에 열중하고

---

98) 위의 책, 58.
99) 위의 책, 60.

민족공동체의 여러 문제들을 외면하기 시작했다는 것이다. 특히 1930년을 전후해서 일제의 탄압이 점차 강화됨에 따라 한국교회는 문화변혁이나 사회개혁의 의지가 매우 희박해져 갔고 더욱이 정교분리의 원칙에 따라 교회는 이 세상과 엄격히 분리하고 또 이 세상을 저주하는 방향으로까지 빗나갔다.[100] 이때를 전후하면서 교회는 사회를 위한 개인의 개혁이나 또는 불안에 찬 사회의 문제와 경제적, 정치적 구조를 개혁하는 역사변동의 세력으로 역할을 하기보다는 이 세상일에 개입하는 것을 오히려 속된 것으로 저주하는 역전현상이 성행하기 시작했다. 대신 개인의 구원만을 고조하는 심령부흥회와 철야기도회, 금식기도 등이 성시를 이루게 되었다.

3. 동일시유형의 한국교회

1) 무교문화에 동화된 한국교회
문상희는 샤머니즘에 동화되어 있는 한국교회의 모습에 대해 이렇게 말한다.[101]

> 샤머니즘은 아주 끈덕진 생명력을 지니고 있는 주술적 원시종교이다. 대륙에서 불교, 유교, 도교 등 대종교들이 들어와서 크게 번창하였으나 어느 종교도 샤머니즘을 완전히 제압해 본 일이 없었다. 오히려 이들 외래종교가 수용과정에서 샤머니즘에 습합되어 변용되었던 것이다. 샤머니즘은 오

---

100) 정하은, 『한국 근대화와 윤리적 결단』, (서울: 대한기독교서회, 1975), 44-47.
101) 문상희, "한국의 샤머니즘," 분도출판사 편집부 편, 『종교란 무엇인가』, (왜관: 분도출판사, 1985), 125-126.

늘날도 이 백성의 골수에 깊이 스며 그들의 정신과 생활전반을 지배하고 있다. 그러므로 한국의 기층문화가 샤머니즘이라고 해도 결코 지나친 말이 아니다. 개화의 물결을 타고 이 땅에 들어 와서 수난의 길을 걸으면서도 근대화의 기틀을 마련한 기독교는 처음에 샤머니즘과 대결하는 듯하였으나, 최근에 와서는 오히려 샤머니즘화 되어 간다는 지탄을 받고 있는 형편이다. 이는 단순한 기우만이 아니다. 어느 사이에 샤머니즘은 한국교회 내에 깊숙이 숨어들어 왔다. 심각한 문제가 아닐 수 없다.

한국교회가 샤머니즘화 되어 간다는 이야기는 오늘날의 한국교회가 무속신앙의 경우처럼 재앙을 물리치고 다만 현세적이고 물질적인 복만을 추구하는 기복종교로 전락해간다는 이야기의 다름 아니다. 오늘날 많은 기독교인들은 교회가 본질적으로 추구해야 하는 자유, 평등, 정의, 사랑, 평화 등과 같은 하나님나라의 가치들은 외면한 채, 이웃에 대한 관심이나 사회윤리의식과 역사에 대한 책임의식이 없이 그저 개인주의적인 기복사상에 젖어 있는데 이는 한국교회의 샤머니즘화의 대표적 사례라 할 수 있다.

2) 유교문화에 동화된 한국교회

첫째로, 계급(권위)주의에 동화된 한국교회의 모습이다. 교회 안에서의 직분은 본래 섬김의 정신에 근거하여 있는 것이다. 그러나 오늘날 한국교회 안에서의 직분 개념은 서열의 관점에서 파악되는 경향이 강하다. 목사, 장로, 권사, 집사의 개념이 하나님을 섬기고 성도들을 섬기고 사회적 약자들을 섬기는 봉사의 정신에서가 아니라 계급의 관점에서 이해된다면 이는 분명히 유교문화에의 동화현상임에 틀림없다.

　둘째로, 가족주의적 집단주의(우리주의)에 동화된 현상이다. 기독교의 복음은 한 사람, 한 사람 개인을 중요시할 뿐 아니라 가족공동체, 민족공동체, 인류공동체를 중시한다. 또한 기독교에서의 구원 역시 개인적인 구원일 뿐만 아니라 그것은 동시에 공동체적인 구원이다. 그런데 한국교회를 보면, 윤리적 행위의 가치지향성이 여전히 우리 집안, 우리 교회, 우리 교파라고 하는 귀속적 집단의 편협한 이익만을 요구하는 가족주의적 우리주의 의식에 매몰되어 있다. 한국교회의 지역주의, 연고주의, 개교회주의, 교파주의 등의 경향은 바로 이와 같은 유교문화의 가족주의, 즉 자기가 소속된 집단의 편협한 이익만을 추구하는 가족주의적 집단주의의 반영이 아닐 수 없다.

　3) 경제주의(물량주의)에 동화된 한국교회
　오늘날 한국교회는 물질적 풍요를 일차적 가치로 삼는 경제주의에 포로가 되어 버렸다. 경제주의에 의한 교회의 식민화 현상에 대해 박영신은 이렇게 비판한다.[102]

　교회는 어떠한가? 교회가 독자적인 자리를 지키고 대안적인 소리를 내었다는 표적은-주류에 의한 단죄의 대상이 되어 온 소수의 교회나 개인을 제외한다면-찾아보기 어렵다. 경제주의의 추세를 교회가 철저히 반영하고 그 원리를 차라

102) 박영신, '한국기독교와 사회의식,' 기독교역사문화연구소 편, 『11명의 전문가가 본 한국의 기독교』, (서울: 도서출판 겹보기, 2001), 121-124.

리 후원하고 있었다. 교회마다 물질적 풍요와 여유를 찾기에 급급하고 기독교의 부흥과 영향력을 교회(인)수와 헌금액 등에 비추어 모든 것을 물량적으로 측정하며 교회 회원의 가정마다 물질적 축복을 비는 신앙(?)으로 넘치게 됐다. 목회자의 설교내용, 예배처소의 치장, 갖가지 의례의 개발의도, 직분자들의 태도, 한마디로 교회생활을 해 보라. 교회의 물질지향성은 단숨에 잡힐 것이다. ··· 기독교의 가르침에 의해 형성되어 온 세계 인식의 틀이 세속적 경제주의에 침몰되어, 교회가 마치 기업적 이해관계로 엮어진 조직으로 화석화되어 그 관리와 운영의 성격이 재화획득과 축적이라는 경제적 욕구를 만족시켜 가는 기업체의 그것과 매우 흡사해지고 있다고 말할 수 있게 됐다. 영리를 목적으로 하는 기업체의 원리가 교회에도 그대로 적용되고 있는 것이다. ··· 믿음의 공동체가 기업적 이해관계의 조직으로 변신되어 모든 것이 양적으로 계산되고 평가된다면 그 교회가 다른 조직보다 더 나은 것이 무엇이며 더 하는 것이 무엇인가. 물량의 크고 적음을 유일한 척도로 삼아 타산적 계산을 성패의 방편으로 치부하는 시대의 흐름을 "믿어버리는" 우상을 비판적 성찰의 대상으로 삼지 않고 "현실을 어쩔 수 없다"든가 "교회도 조직이기 때문에 어쩔 수 없다"는 말로 시대적 흐름을 뒤따라 두둔하여 결과적으로 이 우상을 숭배하는 꼴로 드러내고 있는 것이다.

장병욱도 경제주의에 포로가 된 한국교회의 모습에 대해 이렇게 말한다.[103]

---

[103] 박정신, 『한국기독교사 인식』, (서울: 혜안, 2004), 206. 재인용.

교인들은 사랑보다 무언가 떨어지는 축복을 줄기차게 구하는 신앙심을 길러왔다. 기도도 어떻게 하면 도울까라는 것보다 무엇을 꼭 주십사로 변질되고 말았다. 그리하여 교인들은 무의식중에 기도란 무엇이든지 얻는 것이다. 그러니 떼를 써서라도 얻는다는 강박관념이 지배하여 처음부터 기도는 아예 아집과 울고불고 설치는 것으로 불야성을 이룬다. 그걸 누구보다도 많이 하고 응답 받는 자만이 능력자로 통하니 말이다. … 많은 교회들이 좀 더 내 교회, 큰 교회, 좀 더 많은 예산, 좀 더 풍요한 교회를 구하는 풍토가 생겼다. 말하자면 모든 것을 물량적으로만 보는 풍토말이다. 이것도 6. 25의 거지근성이 가져다 준 결과이다.

이처럼 오늘의 한국교회 교인들이 물질적인 풍요와 축복을 찾기에 급급하고, 목회자들은 목회의 성공여부를 신도수, 교회건물의 크기, 연간 예산의 크기 등과 같이 양적인 것을 기준으로 평가하면서 교회성장주의에 빠져 있다면 이는 분명히 한국교회가 경제주의에 포로가 되어 있다는 증거이다. 경제주의가 이처럼 문제가 되는 것은 그것이 복음의 정신을 왜곡시킬 뿐 아니라 한국교회의 도덕적 권위를 추락시키고 한국교회의 시대적 사명을 방해한다는 데 있다.104)

VI. 나가는 말

1990년대 이후 지금까지 모든 통계자료를 볼 때 오늘의

---

104) 노치준, '한국교회의 사회학적 고찰', 임성빈 편, 『한국교회와 사회적 책임』, (서울: 장로회신학대학교 출판부, 1997)

한국교회는 확실히 도덕적 권위와 사회적 공신력이 추락해 있음을 부인할 수 없다. 그 결과로 나타난 것이 2005년도의 통계청 자료가 보여주듯이 개신교인의 감소현상이다. 그러나 교인수가 감소했다는 것이 문제가 아니다. 더욱 큰 문제는 한국교회가 질적으로 신뢰받을 만한 수준에 있지 못하다는 사실이다. 어떻게 해야 할까? 어떻게 해야 초기 한국교회의 문화변혁적이고 사회변혁적인 전통을 회복할 수 있을까? 그 것은 바로 기독교 복음의 정체성 또는 하나님나라를 증거 해 야 하는 교회로서의 진정성을 회복하는 길 이외에 다른 길이 없다고 본다.

"한국문화와 한국교회의 관계유형의 변천사"에 대한 논찬

김영동 교수 • 장로회신학대학교

I. 정원범 교수님의 발제에 대한 요약과 정리

1. 핵심 논지와 문제제기

복음과 문화의 상호관계성 문제는 기독교가 태어나는 시초부터 제기되어 왔으며, 20세기 식민주의 시대가 끝나면서 더욱 중요한 교회와 신학의 과제가 되고 있다. 1970년대부터 이 문제는 복음의 상황화(contextualization)라는 주제로 신학과 실천의 핵심 주제로 대두되었다. 이러한 관점에서 볼 때 정원범 교수님의 '복음과 문화에 대한 한국교회의 인식의 변화' 연구는 중요한 신학적 주제로서 위기 상황을 맞고 있는 한국교회의 미래를 개혁하며 세계선교를 위해 헌신하는 데 그 의의가 크다고 본다.

정원범 교수님의 핵심논지는 "복음과 문화의 관계란 서로 영향을 주고받는" 것으로 전제하에 "복음은 문화와의 관계에서 비교우위"에 있어야 하고, 따라서 복음은 문화를 심판하고 변화시키는 문화초월적인 기능을 가진다는 것이다. 이 논지에 따라서 과연 한국교회는 한국문화 속에서 복음의 문화초월적이며 변혁하는 기능을 잘 수행해 왔는지에 대한 문제제기를 하며 그에 대답을 찾는 방법으로 연구를 수행하였다. 이제 정교수님의 연구 목차에 따라 그 내용을 요약·정리하고 논찬자의 몇 가지 생각과 질문을 제기하려고 한다.

2. 복음과 교회와 문화의 개념 정의에 대하여

먼저 구약의 이스라엘 백성이 바벨론 포로로부터 해방된 '기쁜 소식'이 복음의 유래라고 하며, 신약에서 복음이란 말은 '하나님의 복음', '그리스도의 복음', '하나님나라의 복음'을 말한다. 특별히 1927년 로잔대회는 세상을 위한 교회의 메시지로서의 복음은 곧 "예수 그리스도는 그의 삶과 가르침, 그의 회개에로의 부름, 그의 하나님의 나라의 도래와 심판에 대한 선포, 그의 고난과 죽음, 그의 부활과 하나님 아버지 우편에로의 승귀 및 그의 성령의 파송을 통하여 우리에게 죄의 용서를 베풀어 주셨고 살아계신 하나님의 충만함과 우리를 향하신 하나님의 한없는 사랑을 계시"하신 내용이라고 한다.

"하나님나라의 가치를 실현하는 공동체"로서 교회는 "십자가상에서의 하나님의 사랑의 승리를 맛보는 곳(aftertaste)이며 그의 나라에서의 그의 궁극적인 사랑의 승리를 미리 맛보는 곳(foretaste)이다." 따라서 교회는 하나님나라를 미리 맛본 사람들의 공동체로서 하나님나라의 새로운 삶의 방식을 세상에 증거 해야 한다. 이 때 하나님나라는 몇 가지 특성을 지닌다. 첫째로, 하나님의 주권과 하나님의 뜻이 확립되는 하나님의 나라다. 둘째로, 종말론적 현실로 주어질 은혜와 사랑의 나라다. 셋째로, 종말론적 현실로 주어질 자유의 나라다. 교회가 이러한 하나님나라의 자유를 세상에 보여주는 방법은 구체적으로 다음과 같다. "교회는 하나님나라의 표지로서 이 세상의 모든 비성경적이고 비복음적인 이데올로기들, 즉 자기밖에 모르고 자기만을 위해 살아가는 이기주의, 자기 교회밖에 모르고 자기 교회만을 위해 살아가는 개교회주의, 자기 교파밖에 모르고 자기 교파만을 위해 살아가는 교파주의, 오로지 축복 하나만을 추구하는 기복주의, 그저 높아지고 성공하려는 데만 몰두하는 (목회)성공주의, 오로지 교회성장에 목숨을 거는 교회성장주의, 양적이고 외형적인 교회성장에 집착하고 숫자와 크기로만 교회(목회자)를 평가하는 물량주의, 돈을 위해서라면 무엇이든 할 수 있다고 생각하고 모든 것을 돈으로 판단하는 물질(물신)주의, 교회직분을 계급으로 알고 성도들 위에 군림하려는 권위주의, 그리고 타 지역에 대해 배타성과 적대감을 조장하는 지역주의 등"으로부터 자유 해야 함을 보여주어야 한다. 넷째로, 교회는 종말론적 현실로 주어질 정의와 평화와 화해의 나라인 하나님의 나라를 미리 맛보고 있는 곳이다. 따라서 교회 공동체는 그리스도 안에서 남자와 여자(성의 차별), 상전과 종(계급의 차별), 유대인과 헬라인(인종 차별)과 같은 세상적인 구분과 대립관계를 청산하고 같은 하나님의 자녀들로서 하나 되는 평화의 공동체이고 또 그래야 한다. 다섯째로, 교회는 종말론적 현실로서 세상질서와 가치관의 대역전 현상이 일어나는 하나님의 나라를 미리 맛보고 있는 곳이다.

문화의 개념정의를 정원범 교수님은 윌리엄즈가 제시하는 세 가지 문화 의미 중 문화는 '한 인간이나 시대 또는 집단의 특정 생활방식'이며, '지적인 작품이나 실천행위, 특히 예술적인 활동'이라는 것을 수용하며 논의를 전개한다. 아울러 이 두 가지 의미에서 대중문화도 이해한다. 대중문화의 의미는 존 스토리의 여섯 가지 분류 중 네 가지를 채택한다. 곧 대중문화란 대량문화, 민중(the people)으로부터 발생되는 문화, 사회 피지배계층의 저항력과 지배계층의 통합력 사이의 투쟁의 장, 고급문화와 대중문화의 구분이 인정되지 않으며 상업과 문화의 상호침투를 특징으로 하는 포스트모던 문화이다. 이러한 다중적인 대중문화 이해는 오늘의 대중문화 분석에 모두 유용한 접근방식으로 간주된다.

3. 복음과 문화의 관계유형에 대하여

먼저 복음과 문화의 관계유형론의 고전으로 알려진 리처드 니버의 다섯 가지 유형을 소개한다. 즉, "문화에 대립하는 그리스도"(Christ against culture), "문화의 그리스도"(Christ of culture), "문화 위의 그리스도"(Christ above culture), "역설적인 관계에 있는 그리스도"(Christ and culture in paradox), "문화의 변혁자로서의 그리스도"(Christ, the transformer of culture)가 그것이다. 하지만 정원범 교수님은 이상의 다섯 가지 유형을 새롭게 재구성한 것처럼 보이는 로버트 웨버의 유형론을 따라 복음과 문화의 관계성을 전개한다. 웨버의 세 가지 유형은 분리 모델, 동일시 모델, 변혁적 모델이다. 분리 모델은 복음이 문화로부터 분리하는 것이요, 동일시 모델은 문화와 타협을 통해 삶의 구조에 참여하는 것이며, 변혁적 모델은 복음이 문화를 변화시키는 것이다.

4. 한국문화의 어제와 오늘에 대하여

한국의 종교문화는 전통적으로 무교문화와 유교문화로 규정된다. 무교문화의 특징은 물질주의적이고 현세중심적인 기복주의, 현실에서 부딪히는 자신의 문제를 귀신의 탓으로 돌리거나 신령이나 무당에게 의지하여 자신의 문제를 풀어보려는 의타주의, 인간의 생사화복 등 자신의 운명 일체가 신령에게 달려 있는 것으로 믿는 운명론, 역사의 방향과 목적과 의미에 대한 의식을 찾아보기 어렵다는 역사의식의 결여이다.

유교문화의 특징은 인간의 가치, 정신의 가치를 중시하여 개인의 도덕적 완성을 강조하는 인본주의, 상하의 위계적인 서열관계 중심의 권위주의, 일체의 가치가 가족 집단의 유지와 지속 기능과 관련을 맺어 결정되는 가족주의, 예의 형식과 절차를 중시하는 까닭에 내용과 실질에 앞서서 외관과 형식을 존중하는 형식주의 등을 들 수 있다.

오늘의 한국문화 한국의 전통적인 종교문화를 기반으로 하면서도 근대화, 산업화 과정에서 유입된 서구문화의 영향이 크게 작용하고 있다. 따라서 오늘의 한국문화를 이해하기 위해서는 왈쉬와 미들톤의 현대 서구문화에 대한 이해, 즉 과학주의, 기술주의, 경제주의를 수용하면서 논의의 전개를 위해 여기에다가 쾌락주의를 추가한다.

5. 한국문화와 한국교회의 관계유형의 변천사에 대하여

이 부분의 핵심 문제제기는 한국문화와 한국교회의 관계가 어떻게 역사적으로 형성되어 왔는가에 대한 것이다. 정원범 교수님은 한국교회사는 웨버가 말하는 세 가지 유형(분리 모델, 동일시 모델, 변혁적 모델)을 모두 가지고 있고 또 오늘날에도 이 세 가지 유형은 공존하고 있다고 진단한다. 하지만 한국교회가 한국문화에 응답해 온 큰 흐름은 다음과 같은 변천사를 거쳐 왔다고 본다. 선교역사 초기에는 변혁유형이 우세했고, 그 다음으로는 분리유형의 특징을 보이다가 해방 이후에는(특히 1960년대 이후) 동일시 유형이 우세하게 나타나고 있다고 말한다.

1) 변혁유형의 한국교회

권력 독점과 신분 차별이 심화된 유교적인 조선사회에 소개된 복음은 유교질서의 부정 또는 극복을 통해 새로운 문화 창조를 위한 역사 변동세력으로 나타났다. 한국교회는 한국문화의 신분제도를 초월해서 인간의 평등과 인간의 가치를 증진시킴으로써 변혁하는 힘으로 작용했다. 아울러 초기의 한국교회는 관료사회 속에 만연되었던 부정부패와 온갖 사회의 억압과 구조적인 불의에 저항하였다. 일본제국주의 침략이 노골화되었을 때는 정치, 경제적 방법이나 예배의식을 통해서 민족의식을 고취하기도 하였으며 다양한 사회활동을 통해 사회개혁과 문화변혁을 전개하였다.

2) 분리유형의 한국교회

선교역사 초기에 두드러졌던 한국교회의 변혁유형의 특징은 1919년 3.1 만세운동의 좌절을 경험하면서부터 분리유형으로 전환되기 시작한다. 이전과는 달리 민족공동체의 사회, 정치적 문제를 외면하기 시작함으로써 교회의 비사회화, 비정치화가 이루어졌다. 일제 탄압이 심화됨에 따라 한국교회는 문화변혁이나 사회개혁의 의지가 매우 희박해져 갔고 더욱이 정교분리의 원칙에 따라 교회는 이 세상과 엄격히 분리하거나 저주하는 방향으로까지 빗나갔다. 개인구원만을 강조하는 심령부흥회와 철야기도회, 금식기도 등에 몰입하게 되었다.

3) 동일시유형의 한국교회

먼저 무교문화에 동화된 한국교회의 모습을 볼 수 있다. 이 말은 외래종교의 수용 토대로서 혹은 한국의 기층문화로서 기능하는 종교로서의 샤머니즘에 동화된다는 것이라기보다는, 제화초복을 추구하는 기복종교로 전락해 가는 경향을 말한다. 교회가 본질적으로 추구해야 하는 자유, 평등, 정의, 사랑, 평화, 화해 등과 같은 하나님나라의 가치들은 외면한 채, 그저 이기주의적인 기복사상에 젖어 있는 현상을 말한다. 이웃에 대한 관심이나 사회윤리의식과 역사에 대한 책임의식의 결여가 문제이다.

그 다음 유교문화에 동화된 한국교회는 섬김과 봉사의 직분 개념을 서열의 관점에서 파악하는 계급(권위)주의에의 동화, 윤리적 행위의 가치지향성이 여전히 우리 집안, 우리 교회, 우리 교파라고 하는 귀속적 집단의 편협한 이익만을 요구하는 가족주의적 집단주의(우리주의)에 동화를 들고 있다.

마지막으로 한국교회는 개인의 회심과 기독교의 부흥과 영향력을 교회(인)수와 헌금액 등에 비추어 모든 것을 물량적으로 측정하는 경제주의(물량주의)에 동화되었다. "오늘의 한국교회 교인들이 물질적인 풍요와 축복을 찾기에 급급하고, 목회자들은 목회의 성공여부를 신도 수, 교회건물의 크기, 연간 예산의 크기 등과 같이 양적인 것을 기준으로 평가하면서 교회성장주의에 빠져 있다면 이는 분명히 한국교회가 경제주의에 포로가 되어 있다는 증거이다. 경제주의가 이처럼 문제가 되는 것은 그것이 복음의 정신을 왜곡시킬 뿐 아니라 한국교회의 도덕적 권위를 추락시키고 한국교회의 시대적 사명을 방해한다는 데 있다."

6. 결론

결론적으로 정원범 교수님은 어떻게 하면 한국교회가 초기에 보여주었던 문화와 사회의 변혁적인 전통을 회복할 수 있을까? 라는 질문을 던지며 그에 대한 짧지만 단호한 방향을 제시한다. 그 응답이란 "바로 기독교 복음의 정체성 또는 하나님나라를 증거 해야 하는 교회로서의 진정성을 회복하는 길 이외에 다른 길이 없다"고 주장한다.

Ⅱ. 정원범 교수님의 발제에 대한 논찬자의 소감과 논평 및 질문

1. 정원범 교수님의 '복음과 문화'에 대한 한국교회 인식의 변화에 대한 연구는 한국교회 역사를 통시적으로 세 가지 유형의 변화로 진단하며, 오늘의 한국교회가 어떤 방향으로 나아가야 할 지를 지적한 점에서, 특히 복음과 문화의 상호 관계성을 현학적이지 않고 간결하게 분석하고 보여준 점에서 그 의의가 크다고 본다. 특히 2007년의 문턱에서, 1907년 '대부흥운동'을 기념하여 다시 한 번 그 때의 부흥을 주로 교인수의 증가와 가시적 교회 확장으로 몰아가는 한국교회에 진정한 부흥이 무엇이며 교회가 나아갈 방향이 무엇인지에 대해 일깨우는 기여를 한다고 본다. 진정한 부흥은 삼위일체 하나님의 은혜로 전인격적인 회개와 문화적 변혁을 통해 나타나는 성령의 선물이라고 할 때, 오늘날 우리가 각성해야 할 것은 불교나 천주교에 비해 교인수의 증가가 정체 내지 감소했다는 물량적 평가보다는 진정한 문화변혁의 힘으로서의 복음의 능력을 상실해가고 있는 한국교회의 영성과 진정성을 고양하는 것이라고 본다.

2. 리처드 니버의 "그리스도와 문화"의 다섯 가지 유형 중 "문화를 변혁하는 복음 (그리스도)" 모델과 웨버의 변혁유형을 기본적으로 수용하는 것은 깔뱅 신학의 전통과도 일치하며 바람직하다고 본다. 하지만 니버가 미처 생각하지 못했거나 과제로 삼지 못했던 것은 다문화현상이다. 그러한 유형론을 복음과 서구문화라는 단일한 틀에서 볼 때 쉽게 적용할

수 있겠지만 다문화권에서의 복음의 관계성 문제나 복수 문화가 공존하는 타문화권의 복음의 전달과 확장의 문제에는 어떻게 적응시켜야 할 지가 문제로 남는다. 아울러 불교, 유교, 도교, 샤머니즘 등 전통적인 문화적 특성과 정원범 교수님도 지적했다시피 과학주의, 기술주의, 경제주의, 쾌락주의를 특징으로 하는 현대 서구문화의 영향을 복합적으로 지닌 한국문화에 한국교회의 관계성을 통시적으로만 볼 수 있는가? 공시적인 차원도 고려하면 더 심도 있는 논의가 이루어지지 않을까 생각해 본다. 예를 들면, 변혁유형으로 분류한 초기 한국교회와 한국문화의 관계성도 문화적 특성에 따라 분리유형과 동일시유형도 나타났을 것으로 보이며 그러한 관계성을 밝히고 상호 역동적 성격을 연구하는 것도 필요하리라 생각한다.

3. 복음과 문화 (cultures, 혹은 종교 religions)의 관계에 대해 우선, 복음의 절대성과 유일성을 강조하는 입장은 문화의 차원을 무시하면서 실제로는 복음보다 자기가 속한 의식적, 무의식적 문화의 대변자가 되는 경우가 허다하다. 예를 들면, 노예 제도를 옹호하기 위해 성경을 자의적으로 해석하며 흑인은 저주받은 함의 후손이라고 한 신학이 결국은 당대의 지배계급의 인종차별제도를 옹호한 것으로서 이에 해당한다. 반대로 문화의 상황성만 강조하는 사람은 문화 속에 내재된 악의 문제를 간과하고 문화를 낭만화하거나 이상화하여 복음을 상대화하는 오류를 범한다. 그렇다면 바람직한 관계는 어떠한 것이어야 하는가? 양자의 상호관계성에 대한 신학적 탐구의 바람직한 방향은 복음의 문화변혁 능력과 문화가 복

음을 풍성하게 하는 "상호 풍부하게 하기"(mutual cross-fertilization) 차원을 강조하는 것이 아니겠는가? 복음은 문화에 성육화하고(incarnating), 문화는 복음을 도입하는(introducing) 역할을 한다. 복음이 문화에 대하는 관계성은 한 마디로 단정 짓기는 어렵고, 다만 복음의 초문화성(transculturality), 반문화성(counter-culturality), 상황성(cotextuality), 교차 문화성(cross-culturality)을 동시에 견지하는 것으로 표현할 수 있다. 따라서 복음의 해석과 신학의 해석학적 접근방법은 다문화적인 해석학(multicultural hermeneutics)을 요청한다.

정원범 교수님은 한국교회와 문화의 관계를 통시적으로 변혁유형에서 분리유형을 거쳐 동일시유형으로 나타나고 있다고 하는데, 어떤 의미에서는 이 세 가지 유형이 동시적으로 나타나야 정당한 것이 아닌지? 문화 요소 가운데 어떤 요소는 거절하는 분리유형이 적절하고, 다른 요소는 복음과 조화(연속성)를 이루어 동일시하며, 또 다른 요소는 그대로 수용하기가 어렵기에 변혁하는 유형이 적절하지 않은지 의문이 간다.

4. 한국 기독교인의 영성을 온전하게 이해하려면 신학적 차원과 아울러 비교종교학적, 문화인류학적 차원을 고려해야 한다고 본다. 물고기가 물을 떠나서 살 수 없듯이, 신학과 영성 이해는 문화와 종교를 떠나서 바르게 파악되기 힘들다. 특히 아시아에서 유래가 없는 교회 성장과 함께 다종교가 평화롭게 공존하는 한국의 독특한 상황을 이해하기 위해서 다문화적이며 다종교적인 해석학이 필요하다. 이런 해석학에는 복음이 들어오기 전 수 천년 역사와 함께 운명을 같이하여

온 무교, 불교, 도교, 유교에 대한 대화적 자세와 상상력이
요청되며, 이러한 전통 종교가 복음과 접하면서 한국 기독교
에 끼친 영향에 대한 긍정적, 부정적 차원의 종합적인 연구
가 한국교회의 미래에 중요한 관건이 된다고 본다. 이러한
의미에서 정원범 교수님이 무교와 유교만을 우리의 전통문화
의 특색으로 다룬 것은 제한점을 가지지 않는가 생각한다.
불교와 도교적 문화적 특징도 분명히 한국인의 문화에 포함
될 것으로 사료된다.

5. 한국에서의 복음과 문화의 만남은 종교간 만남과 발
전으로도 볼 수 있다고 생각한다. 새로운 종교가 소개되어
전통 종교·문화와 만나게 되면 종교 개념과 실천이 상호 혼
합되는 사실에 대해서는 이견의 여지가 없다. 그런데 한 문
화권에서 다른 문화권으로 종교가 전파되어 발전하는 과정에
어떤 단계를 거치는가에 대해서는 그리 많이 알려지지 않았
다. 이런 발전 과정에 대한 연구는 종교·문화 상호간의 침투
와 교섭에 대한 이해를 새롭게 하며 한국교회의 미래방향 설
정에도 도움이 될 줄로 생각한다.

기존의 종교의 전파와 확산에 대한 이론은 파이(E. M.
Pye)의 종교의 전이(transplantations of religion) 이론105), 린
턴(Ralph Linton)의 문화 융합(cultural diffusion) 이론106) 그

---

105) 전이는 세 가지 단계를 거친다고 본다. 즉 접촉(contact), 불명료함(ambiguity), 보충
(recoupment)이다. 먼저 접촉 단계에서는 종교 관념과 실천이 전파되어 이전되고, 불
명료함(애매성)의 단계에서는 새로운 신앙과 실천이 기존의 문화에 적응하는 것이고,
보충은 전파된 신앙의 재확인 혹은 명료화를 말한다. 파이는 이러한 모델의 세 가지
단계가 반드시 연속적으로 일어난다고는 하지 않는다. E. M. Pye, "The Transplanta
-tion of Religions," *Numen* 16 (1969), 234-239.
106) 문화인류학자인 랄프 린턴은 문화 변화는 분명한 연속적인 발전 과정을 거친다고 하

레이슨(James Grayson)의 이식(Emplantation) 이론107) 등이
있다. 특히 선교적 종교의 전파와 확산에 대한 모델을 제시
한 그레이슨은 한 사회에서 종교가 이식되어 성장하는 일반
적 요소로서 다섯 가지를 지적하는데, 곧 1. 가치 갈등의 해
소, 2. 엘리트 집단의 수용 혹은 배척, 3. 언어적 혹은 개념적
문제의 해결, 4. 문화 속에 현존하는 다른 종교와의 성공적인
만남, 그리고 5. 새로운 교리를 쉽게 수용하게 하는 정치적
조건 등이라고 한다.108) 기독교가 한국사회에서 강한 영향력
을 행사할 수는 없다고 할지라도 어느 정도 의미 있는 위치
에 도달했는가? 과연 한국 기독교가 어디에 도달했으며, 바
람직한 상태로 가고 있는지, 한국 전통 종교·문화 가치의 핵
심에 영향을 미치고 있는지, 아니면 그 반대 현상을 보이고
있지는 않은지? 이러한 질문에 대한 해답은 이상의 다섯 가

면서, 문화 융합의 네 단계를 제시한다. 첫째, 이방 사회에 새로운 문화 요소가 제시
된다. 둘째, 이러한 요소의 수용 혹은 거절의 단계이다. 셋째, 새로운 문화 요소와 기
존의 사회와의 적응이다. 넷째, 새로운 문화에 의해 대체된 옛 문화 요소와 기능의 제
거이다. 린턴은 이러한 과정에서 일어나는 세 가지 요소를 강조하는데, 그것은 새로운
문화 요소와 옛 사회의 가치의 수렴성 혹은 조화(congruity), 그리고 새로운 문화를
도입하는 사람들의 사회적 특권, 기존의 문화가 새로운 문화 요소를 수용하는 데 있
어서 그 내용(content)보다는 형식(form)을 받아들인다는 점이다. Ralph Linton, The
Tree of Culture (New York: Alfred A. Knopf, 1959), 41-45.

107) "원래는 다른 문화에서 형성된 관념과 신앙과 실천이 낯선 사회·문화에서 확고한 뿌
리를 내리는 것"을 이식이라고 하는 그레이슨은 "어떻게 한 선교적 종교가 새로운 문
화적 상황에서 뿌리를 내리는가?"를 핵심 문제로 제기한다. 이식 이론은 '접촉과 설명'
(contact and explication), '침투'(penetration), '확산'(expansion)이란 세 단계의 일반적
모델로 구성된다. '접촉과 설명'은 '접촉'과 '설명'이란 두 하위단계로 나누어지며, '확
산'은 '성장과 논쟁'(Growth and contention) 및 '우위'(supremacy)라는 하위 단계로
분류된다. James Huntley Grayson, *Early Buddhism and Christianity in Korea: A
Study in the Emplantation of Religion* (Leiden: E. J. Brill, 1985), 1.

108) James H. Grayson, 위의 책, 14f. 참고로 그레이슨이 분석한 불교, 가톨릭, 기독교의
전파와 발전과정에 대한 비교를 제시한다. 위의 책, 141 참조.

지 요소를 복음과 문화의 관계성에 대한 연구의 주제로 삼아
분석하면 유익할 것으로 본다.

Section 2
한국교회의 한국문화 수용:
전통문화와 대중문화

♧ 임희국_ 장신대 교수, 스위스 Basel 대학교((Dr.Theol), 저서 『김수만 장로 절면서 열 교회 세우다』 외

♧ 조재국_ 연세대 연신원 교수, 일본 동지사 대학교(Th.D), 저서 『한국의 민 중종교와 그리스도교』 외

♧ 최성수_ 한남대 외래교수, 독일 Bonh 대학교(Dr.Theol) 저서 『영화관에서 만나는 하나님』 외

♧ 최형근_ 서울신대 교수, 미국 Asbury 신학교(Ph.D), 역서 『21세기 선교학』 외

♧ 신국원_ 총신대 교수, 화란 자유대학교(Ph. D), 저서 『변혁과 샬롬의 대중 문화론』 외

"한국교회의 한국문화 수용: 전통문화와 대중문화"

진행자 임희국 교수 ● 장로회신학대학교 교회사

2004년도 이래로 기독교문화 학술 심포지엄을 개최해 온 문화선교연구원이 이번에 제 3회 심포지엄을 개최하였다. 이번 심포지엄의 주제는 '기독교문화와 한국문화'였다. 이러한 주제로 심포지엄을 열게 된 배경에는 기독교문화와 한국문화가 서로 '소통'해야 한다는 시대적 과제를 절감하면서 한국 기독교에 대한 분석이 있었는데, "기독교가 한국에서 더 이상 외래종교가 볼 수 없을 만큼 그 역사와 영향을 갖고 있는 것이 사실이나", 그 사실만큼 또 다른 현실도 있다는 점을 파악했다. 즉, "한국교회 (안에서 오늘날까지 형성되어 온) 기독교문화가 한국사회의 변화에 제대로 대응하지 못하고 있다."는 현실을 지적하였다. 이 분석에는 '역사적 고찰'과 '문화적 관찰'이 나란히 병행하였다.

이번 심포지엄의 두 번째 부분에서는 '한국교회의 문화

수용: 전통문화와 대중문화'를 다루었다. 주제를 통해 무언가 암시를 주며 이끌어가고 싶어 하는 내용은 1) 한국교회의 전통문화 수용에 관한 것이었고, 2) 한국교회의 대중문화 수용에 관한 것이었다. 전자는 역사적인 내용이었고 후자는 문화선교적인 내용이었다. 이에 따라 두 분의 신학자가 각각 발제하였고, 이어서 또 다른 두 분의 토론자가 각각 논찬하였다. 첫 번째 발제자로 나선 조재국 교수(연세대학교 연합신학대학원)가 '한국교회의 전통문화 수용에 관한 연구, 한국 민족종교의 사상과의 관련을 중심으로'라는 제목으로 준비해 온 논문을 읽었다. 이 발제에 관하여 최성수 교수(한남대학교 외래교수)가 논찬하였다. 두 번째 발제자 최형근 교수(서울신학대학교)는 '한국교회의 선교와 대중문화'라는 제목으로 준비해 온 논문을 읽었다. 이 발제에 관하여 신국원 교수(총신대학교)가 논찬하였다.

이제, 두 개의 발제와 논찬을 다음과 같이 요약하고자 한다.

조재국 교수는 "한국교회는 -일본 교회와 비교해 볼 때- 한국의 문화 속에 뿌리가 내려진 한국 종교라는 인상을 준다. 그것은 그만큼 한국교회가 한국인의 문화에 밀착되어 있고, 기독교 신앙이 한국인의 가치관과 세계관에 영향을 주고 있다는 증거"라고 전제한 다음, 이를 설명해 내기 위하여 먼저 한국의 전통문화를 계승해 온 핵심적 요소로서 전통종교의 사상을 살펴보고, 그리고 나서 한국의 기독교 신앙의 수용에 대하여 알아보고자 했다.

논문에서, 먼저 한국의 전통종교문화를 형성하는데 중요한 역할을 담당했던 종교사상을 살펴보았다. 조 교수는 -한국에서 오랜 세월 뿌리 내린 불교 등을 밖에서 들어온 엘리트(지배자) 종교로 보면서- 한국의 전통종교문화를 계승해 온 종교사상은 민중들 사이에서 자생적으로 일어난 "민족종교"인 천도교, 대종교, 증산교라고 보았다. 그리고 이 세 종교는 단군신화를 근간으로 형성되었다고 소개했다. 단군신화에 함축된 "경천(敬天)―, 천인합일(天人合一)-, 보민(保民)사상"이 세 종교의 중심 사상이었고 또 한국 전통종교문화가 형성되는 핵심 역할을 했다고 보았다. 이를 통하여 밝혀지는 한국 전통종교문화의 핵심 가운데 하나는 해방 곧 불의한 억압과 착취에서 해방, 종교적 해방 곧 신비주의라고 보았다.

약 120년 전에 기독교(개신교)가 전파되었을 때, 기독교는 이러한 전통종교문화와 필연적으로 만날 수밖에 없었다. 그리고 양자의 접촉점은 "전통종교의 신비주의적 요소"일 것으로 추측했다. 즉, 한국민족의 고유한 종교심성인 무속의 신앙구조가 기독교 신앙을 받아들이는데 일정한 역할을 했을 것으로 보았다. 구체적으로 예를 들자면, 한국 기독교의 특성으로 자리 잡은 '부흥회'에서 이러한 무속신앙의 요소를 찾아볼 수 있다고 판단했다. 한 걸음 더 나아가서, 한국 기독교 안에 있는 '현세적 구원', '종말론적 가치관', '강신개념과 비슷한 신비주의 혹은 신비주의적 예수 이해'에서 이 요소를 찾아볼 수 있다고 했다.

그런데 이 현상을 다른 측면에서 바라볼 수가 있다. 기독교(개신교)가 한국에 전파된 약 120년 전 이 나라의 상황은 종교적 '공백상태'에 처해 있었다. 그래서 기독교는 종교적 갈증을 강하게 느끼던 한국인들에게 적극적으로 '수용'되었다. 이것을 거꾸로 살펴보면, 기독교 선교사들 역시 한국인의 수요(갈증)에 맞추어서 복음을 전하려고 노력하는 과정에서 일반 대중(민중) 속에 내재해 있는 전통종교문화를 '수용'했다. 이렇게 양자의 상호배타적인 배척이 아니라 그 반대인 상호수용을 통하여 서양 기독교가 한국의 전통문화 속으로 들어와서 그 속에서 자리를 잡았다. 그러면서 기독교인이 된 한국인들은, 비록 현상적으로는 전통 종교에서 기독교로 옮겨갔으나, 내면적으로는 전통종교문화를 버린 것이 아니라 이제까지 '축적된' 종교문화 위에서 기독교를 수용한 것이었다. 이렇게 이중적(二重的)인 모습을 보면서 내리는 결론은, 서양 기독교와 한국 전통종교문화는 상호수용을 했으며 이를 통하여 한국 기독교문화가 형성된 것이라 보았다.

　　논찬자 최성수 교수는 조 교수의 논문에서 밝혀진 중요한 성과는 "기독교가 한국 전통문화의 어떤 점들을 수용해야 하는지, 또 어떠한 관점에서 수용해야 할 것인지 지적한 점"에 있다고 보았다. 그러면서 논문내용의 아쉬운 점도 지적하였는데, "한국 전통문화의 핵심이 한국 신흥종교들에 의해 수용되었다는 사실 확인에 주력했다."는 것이다. 이와 함께, 한국 전통문화의 핵심을 단군신화에서 찾으면서 유교와 불교의 영향 아래 형성된 전통문화는 왜 논문에서 배제하였는지 질의하였다. "문화와 삶은 서로 유리되지도 않고 또 분리될 수도 없다"는 전제 아래 더욱 더 이 질문을 강하게 하였다.

　　두 번째 발제자 최형근 교수에 따르면, 오늘의 사회는 모더니즘의 원리인 '이성, 합리성, 보편성'이 퇴조하는 가운데서 포스트모더니즘의 원리인 '개인주의, 주관주의, 실용주의, 상대주의'가 세력을 더해 가고 있다. 물론 아직은 모더니즘과 포스트모더니즘의 영향이 상호 혼재해 있긴 하지만 말이다. 포스트모더니즘 시대에 발전해 가고 있는 대중문화는 많은 경우 감각적 쾌락주의에 따른 오락 중심의 문화에 탐닉하게 한다. 이 대중문화는 이제 사회의 지배문화로서 일반 대중의 가치체계와 삶에 커다란 영향을 끼치고 있다.

이러한 대중문화를 인식하면서, 최 교수는 "한국교회가 대중문화로부터 심각한 도전을 받고 있다."고 보았다. 그 형태가 '복음에 대한 사회의 냉소적인 태도'에서 나타나고 있다. 이에 따라 교회의 영향력이 세속 문화 속으로 들어가지 못하고 바깥으로 밀려나서 주변을 맴돌고 있다. 많은 사람들이, 기독교인들도 예외 없이, 주류 대중문화에 영향을 받아서 그 가치관이 복음에서 멀리 떨어져 있는 형편이다. 상당수의 기독교인들도 왜곡된 가치체계와 가치관을 갖고 살아가고 있는 실정이다. 여기에서 교회의 선교적 과제를 인식하게 한다. 교회는 삼위일체 하나님의 부르심을 입어 세상으로 보내심을 받은 선교공동체이다. 보내심을 받았다는 뜻은 이 세상의 문화 속에서 그 문화를 매개체로 예수 그리스도의 복음을 전파한다는 뜻이다.

이러한 선교과제를 실천하기 위하여, 성경에서 증언된 하나님의 계시의 실재를 보다 깊이 이해하고 해석해 나가는 적업이 변화하는 문화적 상황에 대처해야 할 것이다. 즉, "성경에 충실하면서도 시대의 징조와 문화적 흐름을 읽는 탁월한 해석학적 안목이 필요하다." 복음에 합당치 않는 대중문화에 영향을 받고 사는 사람들에게 예수 그리스도의 복음을 전파하고 그들로 하여금 현실 대중문화의 실태를 깨닫게 하고 그 문화에서 돌이켜 회개하게 한다. 이를 통하여 대중문화의 세계관을 극복하고 그 문화를 변혁시켜야 한다.

구체적인 방법으로, 최 교수는 레슬리 뉴비긴(Lesslie Newbigin)의 복음-교회-문화의 삼중모델을 통해 한국교회의 대중문화에 대한 복음의 상황화를 제안했다. 우선, 복음과 문화의 관계가 불연속적임을 전제하였다. 그러나 불연속은 단절을 뜻하는 것이 아니다. 단절이 될 경우에는 교회가 게토화될 것이다. 복음이 문화 속에 내재해 있으나 그 문화와 혼합되지 않는다는 뜻이고, 대중문화를 복음의 빛으로 이해하고 비판해야 한다는 뜻이다. 복음은 문화 속으로 들어가서 그것을 매개체로 하여 전파되는 것이다. 즉, 복음이 문화라는 토양 속에 심겨져서 그 속에서 싹이 트고 자라나야 하는 것이다. 따라서 복음은 문화 '속으로' 들어가서 그 '속에서' 싹이 트고 자라는데, 그렇지만 복음은 문화 속에서 함몰되거나 종속되지 않고 자신의 정체성을 유지한다. 이와 더불어서, 최 교수는 대중문화의 '형태' 안에다 복음의 '내용'을 담아낼 수 있는 '제 3의 길'을 모색했다. 그 목적은 복음의 능력으로 문화의 변혁을 이끌어 내는 것이다.

그 결과, 교회는 지금의 상황을 철저하게 회개해야 한다. 회개의 열매로서 세상(문화 포함)을 다스리시는 하나님의 주권을 고백하고 이 땅에 하나님나라가 이루어지도록 해야 한다. 교회는 사회로 하여금 주류 대중문화를 성찰하고 반성하여 그 문화를 변혁하도록 영향력을 끼쳐야 한다. 여기에서 다시 한 번 더 교회의 문화선교적 과제를 파악하는데, "어려운 현실이지만, 이 현실 가운데서 모든 그리스도인들이 선교사로서 삶을 살아가야 한다. (또한) 성령의 능력으로 예수 그리스도의 복음을(증거했던 사도시대) 초대교회의 삶을 한국교회에 재현해야 할 것이다."

논찬을 맡은 신국원 교수는 최 교수의 논지에 대체로 공감하였다. 그러나 문화의 순기능성을 놓치지 않았는지 질문으로 비판하였다. 즉, 최 교수는 복음과 문화를 "도전적 중요성/시의성(時宜性)"(challenging relevance)이라는 도식으로 포착했다고 비판했다. 교회의 선교과제를 의식하면서 대중문화에 대하여 너무 예민한 대립각을 세웠다고 본 것이다. 신 교수는 대중문화의 지배력을 경계해야 함이 마땅하지만, 또 다른 한편 그 대중문화를 선교의 도구로 활용하는 방안은 없겠는지 조심스레 제시했다. 이와 함께 신 교수는 두 가지를 제안했다.

1. 급변하는 한국사회 속에서 세대별(노인세대에서 청소년 세대에 이르는 다양한 세대) 문화코드가 다르다는 점을 전제하면서, "세대별 문화지형을 (낱낱이) 파악하여 그에 부합되는 차별화된 선교적 접근"이 필요하다고 보았다. 예를 들어 열린 예배에 대하여 젊은 세대와 노인 세대가 각각 어떻게 이해하고 있는지 살펴볼 필요가 있다는 것이다.

2. 뉴비긴의 대중문화분석의 한계점을 지적했다. 그는 대중문화를 단지 전통적인 세계관과 동일시하고 거기에 상응하는 대응방식을 구상했는데, 대중문화는 복합체이다. 더욱이 대중문화는 자본주의적 경제구조에 기초하고 있는 복합체이다. 이에 대응하려면 복합적인 대처방식이 필요하다. 즉 미학적, 사회-정치적, 윤리 도덕적인 포괄적인 접근방식이 필요하다.

한국교회의 전통문화 수용에 관한 연구
-한국 민족종교의 사상과의 관련을 중심으로-

조재국 교수 ● 연세대학교 연합신학대학원

머리말

한국교회는 지난 역사 속에서 세계교회가 놀랄 만한 교회 성장을 이룩해 오면서 자신을 돌아볼 여유도 없이 모든 역량은 교회의 양적 성장이라는 선교 목표에 투입되었다. 이러한 한국교회의 선교적 열정은 국외선교로 향하여져서 타의 추종을 불허할 정도로 두각을 나타내며 거의 모든 나라에 선교사를 파견하여 교회를 세우고, 각종 선교 사업을 전개하고 있다. 그러나 최근 들어 한국교회는 양적 성장에 적신호가 껴지면서 새로운 신학적 성찰에 들어갈 수밖에 없게 되었다. 한국교회는 한국의 근세 역사 속에서 민족의 고난을 짊어진 교회로서 그 역할을 담당하고, 가난하고 연약한 서민들을 감싸주는 민중교회로서 큰 역할을 감당해 왔다. 그리고 비록 침체기에 있다고는 하나 한국종교의 선두에서 한국문화와 한국인의 영성을 이끌어 가야 할 막중한 책임을 가지고 있음을 부인할 수 없다.

가까운 일본교회와 비교하면 한국교회는 그 짧은 역사에도 불구하고 서구의 종교라기보다는 한국과 한국인의 종교라는 이미지가 강하고, 한국의 문화와 역사 속에 뿌리가 내려진 한국종교라는 인상을 가지고 있는 것은 참으로 놀라운 일이다. 그것은 그만큼 한국교회가 한국인의 문화와 생활에 밀착되어 있고, 기독교 신앙이 한국인의 가치관과 세계관에 영향을 주고 있다는 증거일 것이다. 이는 한국교회가 한국의 문화라는 토양에 뿌리내리고 자라면서 한국문화의 핵심에 어떤 영향을 주고 있다는 뜻이기도 할 것인데, 이를 해명하기 위해서는 먼저 한국의 전통문화를 형성하고 계승해 온 핵심적 요소로서 종교사상과 문화를 살펴보고 다음으로 기독교 신앙의 수용과 변용에 대하여 살펴보아야 하겠다.

한국의 전통문화를 논하기에 앞서 먼저 문화에 대한 개념을 분명히 할 필요가 있다. 문화라는 말은 기원전 50년경에 중국에서 유향(劉向)이라는 사람이 편찬한 『설원』(說苑)의 "지무편"(指武編)에 나오는데, 이 말은 형벌을 주지 않고 문(文)과 덕(德)으로 사람을 깨우친다는 뜻으로 사용하고 있다. 그리고 서구에서는 문화(Culture, Kultur)를 "인간의 육체적 정신적 활동을 통하여 자연을 적극적으로 개발, 순화한 성과의 통칭"이라고 정의한다. 여기에서 문화에 대한 개념이 동양과 서양에서 조금 차이가 있음을 알 수 있다. 동양의 고전적 문화개념은 사람이 주된 대상이었던 반면에 서양의 문화는 자연을 그 대상으로 삼고 있다는데 그 차이점이 있다[109]. 우리

가 사용하는 문화라는 말은 주로 서양의 개념을 가지고 있지
만 동양적 이해도 중요한 개념임을 간과할 수 없다.

　그런데 한국의 문화학자들은 대부분 한국 전통문화의 시
원을 단군신화에서 찾고 있는데, 그것은 단군신화가 경천사상
(敬天思想), 천인합일사상(天人合一思想), 보민사상(保民思想)
과 같은 사상을 함축하고 있고, 이러한 종교사상이 한국 전통
문화의 중핵을 형성해 왔다고 생각하기 때문이다. 한국이 오
래 동안 중국문화의 영향 아래 있었던 것이 사실이지만 기독
교가 전래된 조선시대 후반기에는 고려시대를 풍미하였던 불
교문화는 조선의 건국과 함께 저변으로 밀려나 버렸고, 조선
시대의 정치적 이념을 제공하였던 유교는 그 경직성으로 인하
여 새로운 시대를 열망하는 서민들의 신앙적 요청을 수용할
수 없었다. 이런 시대적 상황에서 기독교가 한국인들의 능동
적이고 적극적인 수용을 통하여 전래되었다는 사실은 조선사
회의 내적 요구와 한국인들의 종교적 갈급함으로 인하여 기독
교가 한민족에게 수용되었음을 반증하는 것이다.

　기독교가 전래된 정조기는 조선 후기의 모든 사회적 병폐
가 심화되어 민족의 운명을 종말로 치닫게 하던 때이다. 양반
관료의 사회체제는 실학사상의 대두와 함께 갱신의지의 압력
이 고조되었고, 신분계층간의 조화가 파탄되고 사회적 모순이
노출되어 사회질서가 전반적으로 요동치고 있었고, 서민대중
의 현실적인 생활의 파탄에서 오는 좌절과 사회변혁에 대한
갈망은 극에 달하고 있었다. 이러한 민중의 위기의식과 사회
적 불안, 그리고 종교적 고갈 상태에서 내세관이 뚜렷하고 사

---

109) 심일섭 '한국의 전통문화와 기독교의 妙合試論', 「기독교사상」, 1985년 10월호,
　　pp14-15.

회적의설이 농축되어 있는 기독교는 쉽게 민중종교운동에 접근할 수 있었다고 보여진다. 유교의 신분윤리의 왜곡이나 인성의 역행, 그리고 종교적 공백상태 등이 한국민족으로 하여금 기독교를 보다 적극적으로 수용할 수 있게 하였다. 이러한 기독교의 한국 수용에 관한 연구는 역사학적 접근방법이나 사회학적 접근방법을[1] 통하여 정치, 경제, 사회의 변화를 분석함으로 이루어질 수도 있겠으나, 무엇보다도 한국의 기독교 수용은 문화사적 접근방법을 통하여 연구되어야 할 것으로 생각된다.[110] 기독교 신앙이 인간에게 전인적인 변화를 가져오는 총체적 현상인 이상, 기독교 신앙을 받아들인 한국인은 그 신앙의 내용과 표현에서 전통적인 한국문화의 가치와 표현형식과 대립할 수밖에 없을 것이다. 따라서 한국의 전통문화, 특히 종교문화에 나타난 사상의 틀은 무엇이며 기독교 수용에서 어떤 역할을 해왔는지를 해명하는 일은 매우 중요한 신학 작업이라고 생각된다.

I 천도교의 인내천

천도교(天道敎, 東學) 사상을 집약한 주요경전으로서는 최수운의 가르침인 『동경대전』(東經大全)과 『용담유사』(龍潭遺詞)가 있고 전자는 한문체로 기록되었고 후자는 국문 가사체로 쓰여졌다[111]. 이 두 개의 경전은 중복된 부분도 있다.

---

110) 박봉배, '기독교사상과 전통문화', 「신학과 현장」 제1집, 1991, p7.
111) 동경대전은 최제우가 사망한 후에 제2대교조인 최시형의 기억에 기초하여 복원한 것이라고 전해진다. 박영학 『동학운동의 공시구조』, 도서출판 나남. 1990, 82-86쪽

최수운은 『논학문』에서 "도는 같다고 말씀하셨는데, 그렇다면 이름을 서학(西學)이라고 합니까?"라는 질문에 대하여 다음과 같이 대답한다. "그렇지 않다. 나는 역시 동쪽에서 나서 동쪽에서 도를 받았으므로, 도는 비록 천도지만 학은 동학이다(曰不然, 吾亦生於東, 受於東, 進雖天道, 學則東學)."112) 그는 서양인에 대하여 "서양 사람들은 그 말에 올바른 차례가 없고 그 글엔 뚜렷한 수리가 없다(西人, 言無次第, 書無 白)."113)고 비판한다. 그리고 "도무지 하느님을 위하는 실속이 없고 다만 제 몸을 위하는 방도만을 빌 뿐이다. 그러므로 몸이 영기와 합일하는 영험도 없고 하느님의 참된 가르침도 배울 수 없어 형식만이 있고, 실적은 없으며, 하느님을 생각하는 듯하나 하느님을 위하지 않는다."고 말한다.

그러나 그는 서양인의 힘을 두려워하고 있었고 서학에 대하여는 천명을 받은 종교라고 생각라고 생각한 듯하다. 즉 하느님의 말씀을 들었을 때, 그는 "서학을 가지고 사람들을 가르칠까요."라고 말한다. 그는 밀려오는 서양문명을 무서워하면서도 한편에서 인간을 행복으로 이끌어 주는 그러한 종교를 동경하고 있었던 게 분명하다. 현실에 대한 극도의 불안과 기성종교에 대한 불신감, 그리고 서양의 힘에 대한 위협을 느끼면서 그는 필사적으로 '지성감천'(至誠感天)을 바라고 수도에 정진했다114). 그는 종교체험을 통하여 '만고에 없는 무극대도'(無極大道)를 얻었는데 그는 이것을 천도(天道)라고 불렀다. 그런데 관헌은 이 동학을 서학이라고 하여 금지시켜 기독교

---

112) 이병도외, 전게서, 499쪽

113) 동서, 498쪽

114) "百拜祝願 仰天하며/ 晝宵間 비는 말이/ 至誠感天 아닐런가"([夢中老少問答歌]), 이병도외, 전게서, 585쪽

선교가 인정된 후에도 탄압의 대상이 되었다. 처음에는 천주(天主)라고 부르는 천도(天道)가 서학과 같다고 오해를 받았기 때문이고 후에는 '인내천'(人乃天)이라는 혁명적인 인간평등사상 때문이었다.

　'천주'라는 명칭은 한국민족 고유의 민간신앙의 대상이었던 "하느님"을 한자로 표현한 것에 지나지 않았다. 유일신적 성격이나 인격신적 사상 등은 기독교 등의 일반종교와 상통하는 데가 있는 게 사실이나 동학의 신앙형식에 있어서는 거의 민간신앙의 그것을 따르고 있다. "하느님으로부터 영부(靈符)와 주문을 받고 병든 세상을 고치라고 들었다."고 하는 말은 매우 무속적이다. 김양기(金庠基) 씨는 동학이 처음 어느 정도 민간신앙에 채색되어 있었음을 인정하면서 수운의 동학이 당시 민중의 신앙적인 경향에 따른 포교를 하기 위하여 그런 요소를 이용했을 가능성도 있다고 말한다.115). 수운의 종교체험은 강신무(降神巫)의 입무(入巫) 체험을 연상하게 하고 "시천주"(侍天主)라는 말도 무속에서 주술적인 방법에 의해 일시적으로 신을 몸에 모시는 강신상태(降神狀態)를 연상하게 한다. 어쨌든 동학사상 혹은 동학신앙은 당시 민중들의 신앙적 경향에 따라서 민간신앙에 기울기도 하고 혹은 포교를 위하여 민간신앙적 색채를 갖기도 하였으나 민간신앙적 요소가 동학에 의하여 새로운 종교 영역으로 발전하였다고 할 수 있다.

　수운의 시천주 신앙은 초월적이며 보편적인 내재자인 하느님을 품는 신앙이다. 그에 의하면 하느님은 인간을 떠나서 존재하고 계시를 주거나 하는 것이 아니고 인간은 누구나 자신 안에 하느님을 모시고 있는 것이다. 그는 『논학문』에서

---

115) 황선명, 『한국근대민중종교사상』, 학민사, 1983, 39쪽

"시(侍)는 마음으로는 신묘한 영감을 느끼고 몸으로는 지기 (至氣)에 화합하여, 온 세상 사람이 스스로 깨달아 마음에 오래 간직한다는 뜻이다. 주(主)는 그 높은 덕을 찬양하여 부모와 마찬가지로 받들어 모시는 것을 뜻한다."고 설명한다(侍者, 內有神靈, 外有氣化, 一世之人, 各知不移者也, 主者, 稱其奠, 而與父母, 同事者也)116). "마음으로는 신묘한 영감을 느낀다."는 것은 하느님에 대해 성실한 마음을 갖는다는 뜻이고, "몸으로는 기에 화합한다."는 것은 인간을 비롯하여 만물과 바른 관계를 갖는다는 뜻이다. 모든 것은 다른 것과의 관계를 떠나서는 존재할 수 없을 뿐만 아니라 근원적인 지기에 접하여 존재하고 있다. 수운은 이것을 '기화'(氣化)라고 말한다. 말하자면 "하느님을 모신다."는 것은 안으로 성실한 마음을 가지고 밖으로 다른 것과 바른 관계를 유지하는 것에 의해 모든 사람들이 각자 진리를 깨닫고 또 진리에 대한 굳은 신앙을 가지는 것을 의미한다. 그 수도방법은 성, 경, 신(誠敬信)이다.

　　"시천주"의 하느님 개념에 관해서는 '천주' 혹은 '상제'(上帝) 등이 하느님을 한자로 표기한 것에 지나지 않는 것이며, 원래 고대조선의 '하늘'(天) 사상으로부터 유래했다고 일컬어진다.117) 마한의 '소도'(蘇塗)나 부여의 '영고'(迎鼓), 고구려의 '동맹'(東盟) 등의 제천의식은 한국민족의 "하늘"사상의 표현이며 "하늘"이나 '하느님'은 단군신화의 '환인'(桓因, 한님)으로부터 성립된 말이다118). 김경탁(金敬琢)에 의하면 수운의 '하느님'의 성격은 ① 내 안에 계시고 내가 모실 수 있다. ② 나

---

116) 이병도외, 전게서, 499쪽
117) 안보오, '동학사상의 연원', 『한국근대민중종교사상』, 학민사, 1983, 52-53쪽
118) 최동희, 전게서, 37쪽

와 대화할 수 있다. ③ 분명한 기화의 하느님이다. ④ 나의 내면세계에 모셔서 내가 키울 수 있다. ⑤ 극도의 기운 즉 휘원일기(揮元一氣)의 유일신이다. ⑥ 인격성을 갖는다. ⑦ 영기(靈氣)로 느낄 수 있다. ⑧ 직접 아무것도 하지 않아도 천지만물을 스스로 변화, 생성시키는 조화의 신이다[119]. 또한 김경재에 의하면 수운의 신관은 ① 범재신론(凡在神論)이며 ② 지기(至氣) 일원론적 자연신론이며 ③ 진화론적 신관이다[120]. 무궁한 생성과 진화과정을 통하여 자신을 표현하는 하느님은 인간이 자신의 마음을 지키고(守心), 자신의 기운을 바르게 하면(正氣), 그에게 임하는 것이다. '시천주'의 하나님은 남녀노소, 빈부귀천을 막론하고 누구에게도 임한다고 하는 평등성을 지니고 있다. 이것이 반상(班常), 노주(奴主), 적서(嫡庶), 남녀의 차별을 기본질서로 하고 있던 조선의 봉건적 신분제에 반대하여 귀천차별(貴賤差別)의 철폐와 적서차별(嫡庶差別)의 타파를 주창하는 평등사상이 되었다[121]. 수운의 시천주 신앙은 해월(海月) 최시형(崔時亨)에 의해 하느님을 기르는 '양천주'(養天主) 혹은 사람을 존경하듯이 하느님을 존경하라는 '사인여천'(事人如天)으로 전개되고, 의암(義菴) 손병희(孫秉熙)에 이르러서는 사람이 곧 하느님이라는 "인내천" 혹은 하느님의 조화를 실천하는 "체천(體天)"으로 구체화되었다.

천도교의 '인내천'(人乃天) 사상은 인간의 존엄성과 보편적 인권이라는 인간존중사상으로 발전하고 더욱이 조선 말기의 사회, 정치적인 혼란 속에서 '후천개벽사상'(後天開闢思想)

---

119) 김경탁, '동학의 동경대전에 관한 연구', 「아시아연구」 41호, 고려대아시아문제연구소, 1971, 2-5쪽

120) 김경재, 『한국문화신학』, 한국신학연구소, 1986, 240-241쪽

121) 황선명, 전게서, 37쪽

이라는 사회변혁사상을 만들어 내었다. 개벽사상(開闢思想)은
후에 대종교(大倧敎)나 증산교(甑山敎) 등의 민중종교에 영향
을 주면서 한국 민중의 부동의 역사관이 되었다. 최수운의 역
사관은 시운(時運)을 중시하는 순환사관(循環史觀)과 같은 것
이며, 거기에는 변혁적 역사개조를 의미하는 후천개벽이라는
혁명사상을 포함하고 있다. 이것은 초기 교조들에 의해 신앙
적으로 이해되어 왔으나 야뢰(夜雷) 이돈화(李敦化)가 철학적
으로 해석하였다. 그에 의하면 개벽사상은 정신개벽(精神開
闢), 민족개벽(民族開闢), 사회개벽(社會開闢)의 셋으로 나누어
생각할 수 있다는 것이다[122]. 민족개벽이란 민족적 이기주의
를 극복하고 인도주의에 기초한 민족주의로서 세계일가주의
(世界一家主義)를 지향하는 것이며, 사회개벽은 유물론(唯物
論)이 아니고 인격론(人格論)에 의한 사회개조를 의미한다. 그
러므로 개벽은 현세의 생활과 문화를 개혁하고 새로운 사회인
지상천국(地上天國)을 실현하는 단계이며 과정이다[123]. 천도교
의 개벽사상은 동학농민전쟁이나 삼일민족독립운동 때, 그것
을 추진하는 종말론적 역사관으로 작용했다.

    이러한 동학사상은 교조신원운동(敎祖伸寃運動)이나 민족
독립운동을 통하여 조직화, 집단화되는 과정에서 농민을 비롯
한 민중의 사회개혁에 대한 요구를 수용하고 그들의 지지를
받아 민중의 종교로 발전할 수 있었던 것이다[124].

---

122) 이돈화, 『신인철학』, 일신사, 1963, 162쪽
123) 황문수, '야뢰의 인내천사상의 전개', 「한국사상」 제2집, 1974, 420-421쪽
124) 김창수, 『한국근대의 민족의식연구』, 동화출판사, 1987, 238-239쪽

Ⅱ. 대종교의 삼일신고

대종교(大倧敎) 사상은 경전과 교리, 수행 가운데서 발견할 수 있는 것인데 전통적으로 민간신앙으로서 한국민족에 계승되어 온 것이다. 대종교의 기본경전에는 『천부경』(天符經), 『삼일신고』(三一神誥), 『참전계경』(參佺戒經) 등 세 가지가 있는데 각각 조화경(造化經), 교화경(敎化經), 치화경(治化經)이라고 한다. 그리고 창세의 역사를 기록한 『신사기』(神事記)와 중광(重光) 후에 쓰여진 『신리대전』(神理大全), 『회삼경』(會三經), 『삼법회통』(三法會通), 『신단민사』(神檀民史), 『신단실기』(神檀實記) 등의 해설서도 경전으로서 인정되고 있다. 『천부경』은 단군천왕(檀君天王)이 홍익인간(弘益人間)의 도를 펼치기 위해서 우주창조의 원리를 81자로 설명한 것이라고 하는데 신지혁덕(神誌赫德)에게 명하여 녹두문자로 기록하게 하여 후에 신라의 최치원이 한자로 남겼다고 하는데 그 원본은 소실되었다. 그런데 1916년 선천 계연수(桂延壽)가 묘향산(태백산)의 돌벽에 쓰여져 있는 천부경을 발견하여 1917년 대종교에 전했다고 한다.[125] 『삼일신고』에는 다섯 개의 가르침이 기록되어 있고 발해의 고조왕 대조영(699-719)의 찬(贊) 두 편이 붙여 있고 그것을 백두산 보본단 석실로부터 백봉신사(白峯神師)가 발견하여 홍암(弘巖) 나 철(羅喆)에게 전했다고 한다. 『참전계경』은 366인간사(人間事)[126]에 관한 생활규범과 예법을 기록한 책이다. 1965년

---

125) 이병도외, 전게서, 429-430쪽

126) 단군신화에는 "凡主人間三百六十余事"라고 기록되어 환웅이 "바람, 비, 구름을 주관하는 자들을 이끌고 곡식, 생명, 병, 형벌, 선악 등 인간에게 중요한 360에 달하는 모든 것을 집행하여 세상을 다스리고 이끌었다. 이병도외 전게서, 443-445쪽

공주의 박노철(朴魯哲)이 『단군예범팔리삼육육사』(檀君禮範八理三六六事)라는 이름으로 발간했다. 『신사기』는 인류의 창세에 관한 역사를 기록한 것으로[127] 1905년 홍암이 두암옹(頭巖翁)에게 받은 것이라고 한다. 다른 경전은 이 세 개의 경전을 해설한 것이다.

다음으로 대종교는 경천(敬天), 숭조(崇祖), 애인(愛人)의 3대 이념을 실천하기 위해서 지감법(止感法), 조식법(調息法), 금촉법(禁觸法)의 3법을 수행하여야 한다고 한다. 지감법은 잡념을 없애고 참 성정을 끌어내는 방법이고, 조식법은 숨을 조절함으로 기를 부드럽게 하여 참 생명을 깨닫는 방법이다. 그리고 금촉법은 악한 유혹을 멀리함으로 몸을 건강하게 하여 참 정기를 보존하는 방법이고 유교(儒敎)의 극기(克己)의 도에서 유래한 것이다. 이러한 수행은 신으로부터 받은 천성인 삼진(三眞), 즉 진성(眞性), 진명(眞命), 진정(眞精)을 지니게 하는 것이며 이외에도 『삼일신고』를 반복해서 읽는 '통독수행'(通讀修行)과 단주(檀珠)를 지니고 걷는 것 등이다.

『삼일신고』(三一神誥)는 대종교에서는 단군의 말로 전해지고 있는데 천훈(天訓), 신훈(神訓), 천궁훈(天宮訓), 세계훈(世界訓), 진리훈(眞理訓) 등 다섯 개의 가르침으로 구성되어 있다. 그리고 발해의 고(高)왕의 동생인 반안군왕야발(盤安君王野勃)의 서문과 고조왕의 찬 두 편(御製三一神誥贊其一과 御製三一神誥贊其二)가 포함되어 있고 본문에는 임아상(任雅相)의 해설이 붙여져 있다. 『삼일신고』에는 발해시대 이후

---

[127] 태초에 한 명의 남자와 한 명의 여자가 있는데 那般과 阿曼이었다. 둘은 결혼하여 다섯 명의 자녀를 낳았으나 그들은 黃, 白, 玄, 赤, 藍의 색 종족이 되었다. 이병도외, 전게서, 413-415쪽

에는 보이지 않는 한자가 쓰여지고 있는 것으로부터 그 저작
연대는 발해시대라고 추정된다고 한다.128) 여기에서는 자수대
부선조성좌평장사겸문적원감(紫授大夫宣詔省左平章事兼文籍院
監)이였던 임아상이 고조왕 대조영의 명에 의하여 해설한 부
분을 '석실본'에서 인용한다.129)

천훈(天訓: 아직 신격화되기 전의 天에 대한 가르침)
　한배검께서 이르시기를 만도비 팽우야, 저 푸른 것이 하
늘이 아니며, 저 까마득한 것도 하늘이 아니니라. 하늘은 허
울도 바탕도 없고, 첫 끝도 맨 끝도 없으며, 위아래 사방도
없고, 겉도 속도 다 비어서 어디나 있지 않은 데가 없으며,
무엇이나 싸지 않은 것이 없느니라.

신훈(神訓: 天이 인격화된 신에 대한 가르침)
　한얼님은 위없는 첫 자리에 계시사 큰 덕과 큰 슬기와
큰 힘을 가지시고 한울이치를 내시며 수 없는 누리를 차지하
시고 만물을 창조하시되, 티끌 만한 것도 빠뜨리심이 없으며,
밝고도 신령하시어 감히 이름 지어 헤아릴 길이 없느니라.
소리·김으로 원하여 빌면, 친히 보임을 끊으시나니, 저마다
의 본성에서 한얼 씨알을 찾아보라, 너희 머릿골 속에 내려
와 계시느니라.

---

128) 김홍철 외, 전게서, 186쪽
129) [삼일신고]는 발해의 석실본, 天宝山의 太素庵本, 고경각의 신사기본이 전해지고 있다.
　　그것들은 거의 같은 내용으로 되어있으나 장절이 있는 것이나 없는 것이 있다. 송호
　　수 『한국민족사상의 뿌리사상』, 麒麟苑,, 1991, 131-147쪽

천궁훈(天宮訓: 신이 임하여 계시는 신의 나라에 대한 가르침)

한울은 한얼님의 나라이라. 한얼집이 있어 온갖 착함으로써 섬돌을 하고, 온갖 덕으로써 문을 삼았느니라. 한얼님이 계신 데로서 뭇신령과 모든 밝은이들이 모시고 있어, 지극히 복되고 가장 빛나는 곳이니, 오직 참된 본성을 트고 모든 공적을 다 닦은 이라야, 한얼집에 나아가 길이 쾌락을 얻을지어다.

세계훈(世界訓: 신이 다스리는 세계에 대한 가르침)

너희들은 총총히 널린 저 별들을 바라보라. 그 셈이 다함이 없으며, 크고, 작고, 밝고, 어둡고, 괴롭고, 즐거워 보임이 같지 않으니라. 한얼님께서 모든 누리를 만드시고, 그 가운데서 해누리 맡은 사자를 시켜, 7백누리를 거느리게 하시니, 너희 땅이 스스로 큰 듯이 보이나, 작은 한 알의 누리니라. 속불이 울리어서 바다로 변하고 육지가 되어, 마침내 모든 허울을 이루었느니라. 한얼님께서 김을 불어 밑까지 싸시고 햇볕과 열로 쪼이시니, 기고 날고 탈바꿈하고 헤엄질치고 심는 온갖 동식물들이 많이 불었느니라.

진리훈(眞理訓: 삼일신고의 철학적 해설, 인간의 심성에 대한 가르침)

(1) 사람과 만물이 다같이 세 가지 참함을 받나니, 이는 성품(眞性)과 목숨(眞命)과 정기(眞精)라, 사람은 그것을 온전히 받으나, 만물은 치우치게 받느니라. 참 성품은 착함도 악함도 없으니, 으뜸 밝은이로서 두루 통하며, 참 목숨은 흐림도 없으니, 이는 중간 밝은이로서 다 알며, 참 정기는 두터움도 엷음도 없으니, 이는 아래 밝은이로서 잘 보전하되, 참함

을 돌이키면 다같이 한얼님이 될지니라.

　　(2) 뭇 사람들은 아득한 땅(迷地)에 태어나면서부터 세 가지 가닥이 뿌리박나니(著), 이는 마음과 김(氣)과 몸이니라. 마음은 성품에 의지한 것으로서 착함과 악함이 있으니, 착하면 복되고 악하면 화가 되며, 김은 목숨에 의지한 것으로서 맑고 흐림이 있으니, 맑으면 오래 살고 흐리면 일찍 죽으며, 몸은 정기에 의지한 것으로서 두텁고(후하고) 엷음(박함)이 있으니, 후하면 귀하고 박하면 처하게 되느니라.

　　(3) 참함과 가닥이 서로 맞서 세 길(三途)을 지으니, 이는 느낌과 숨 쉼과 부딪침이다. 이것이 굴러 다시 열여덟 경지를 이루나니라. 느낌에는 기쁨, 두려움, 슬픔, 성냄, 탐냄, 싫음이요, 숨 쉼에는 향내, 술내, 추위, 더위, 마름, 물낌이요, 부딪침에는 소리, 빛깔, 냄새, 맛, 음탕, 닿음이니라.

　　(4) 뭇사람들은 착하고 악함과 맑고 흐림과 두텁고 엷음을 서로 섞어서, 가닥길(境途)을 따라 함부로 달아나다가 나고 자라고, 늙고 병들고 죽는 괴로움에 떨어지고 말지마는, 밝은이는 느낌을 그치며, 숨 쉼을 고르게 하며, 부딪힘을 금하여, 한 뜻으로 되어가서, 가닥을 돌이켜 참함에로 나아가 크게 한얼 기틀을 여나니, 성품을 트고 공적을 마침이 곧 이것이니라.130)

　　김헌에 의하여 기록되었다고 하는 『신리대전』(神理大全)(1909년 1월 15일 저)은 '신위', '신도', '신인', '신교'로 나누어 신론을 해설하고 있다131). '신위'에서는 대종교의 삼일신고

---

130) 이병도외, 전게서, 403-409쪽

131) 동서, 421-428쪽

의 원리와 의미에 대하여 다음과 같이 설명하고 있다.

(1) 한얼님은 한임과 한웅과 한검이시니(神者, 桓因 桓雄 桓儉也).

(2) 한임은 조화의 자리에 계시고, 한웅은 교화의 자리에 계시고, 한검은 치화의 자리에 계시니라(因爲造化之位, 雄爲教化之位, 儉爲治化之位).

(3) 하늘에서 그보다 더 위에 계신 이가 없으시며, 만물에서는 그보다 더 비롯된 것이 없으시며, 사람에게서는 그보다 더 먼저 된 이가 없으시니라(在天無上, 在物無始, 在民無先).

(4) 나누면 셋이요 합하면 하나니, 셋과 하나로서 한얼님 자리가 정해지느니라(分則三也, 合則一也, 三一而神位定).

이상과 같이 대종교는 단군신화에 나오는 신관을 삼일신으로 이해하고 이다. 삼신이 하나의 체(體)가 되고 그 기능에서 셋으로 나뉘어지는 점은 기독교의 삼위일체론과 비슷하다.(有一無三, 是無其用, 有三無一, 是無其體, 故一爲三體, 三爲一用, 神敎.[神事記]) 여기에서 일위삼체(一爲三體), 삼위일용(三爲一用) 등은 불교의 체용론(體用論)으로부터 원용한 것일 가능성도 있다.

이상에서 대종교는 발해시대에 성립되었다고 하는 『삼일신고』 등에 그 신앙과 사상의 근거를 찾고 있다고 생각되고, 유교사상에 채색되어 있던 당시의 한국민족에게 충격과 함께 새로운 전망을 주었다. 『삼일신고』에서 보이는 세계관 및 인간관은 전 인류적 시야에 서는 보편적 진리를 내포하고 있고, 또한 『신리대전』 등에 나타나는 신관은 일본의 국가신도가 가지고 있던 천황신권설(天皇神權說)과 상반된다. 한국의 민족주의에서 그 시조를 단군에게 찾고 단군을 개국조로 숭배하는 것은 전제였다. 또한 대종교의 역사관은 근대민족사관의 핵심적 구조가 되었는데, 발해의 역사를 고구려를 이어가는 민족사로서 존중하는 데서 한반도 남부를 지배한 적이 있다고 하는 일본제국주의의 정한론(征韓論)에 대항하는 역사관이며 또한 백두산을 인류발상의 땅으로 주장하고 유교는 물론이고 도교보다도 먼저 한국고유의 민족주체사상의 원천이 되는 선교가 존재했다고 주장하는 대종교의 종지는 유교적 중화사대사상에 찌들어 있던 조선중기의 유학자들에게는 생각할 수 없었던 것이었다. 그러므로 이와 같은 대종교의 가르침과 역사관은 민족독립운동사상의 기반이 되었을 뿐만 아니라 정신적 활력을 제공했다고 생각된다.

Ⅲ. 증산교의 해면상생(解冤相生)

동학농민전쟁의 전개과정과 실패, 그 후에 나타난 사회적 혼란을 몸으로 체험한 강증산(甑山 姜一淳)은 궁극적인 종교체험을 한 다음 카리스마적인 권위를 강조하면서 포교활동을 시작했다. 그는 자기가 천계의 대권을 주재하는 절대신이며 마테오 리치(Matteo Ricci)가 모든 신성과 부처와 함께 인류와 신명계의 큰 겁액(劫厄)을 없애 주기를 자기가 있던 구천(九天)까지와서 소원함으로 이 세상에 내려와 천하를 돌아본 후에 조선(朝鮮)에 도달하여 전라도 모악산(母嶽山) 금산사(金山寺)의 미륵금상에 임하여 30년간 최수운에게 천명(天命)과

신교(神敎)를 가르쳐 대도(大道)를 열게 했다."고 주장한다. 그
러나 최수운이 인간세계를 구하는 도를 열지 못했기 때문에
스스로 강세(降世)하게 되었다는 것을 강조한다. 그는 삼계대
권(三界大權)을 주재하고 조화를 가지고 천지를 개벽하고 불
노장생의 선경(仙境)을 열어 고해(苦海)에 떨어진 민중을 구하
기 위해서 왔다고 한다.132) 이런 주장에는 조선의 전통적인
신관(神觀)과 기독교의 신관이 혼합되어 있는 것으로 생각된
다.

　　그는 구제활동으로서 '천지공사'(天地公事)로 불리는 '일'
을 하는데 이것은 선천시대의 불합리한 질서 혹은 이법(理法)
등을 타파하고 후천시대(後天時代)의 선경을 열어서 새로운
질서와 법을 제정하는 것이다. '천지공사'는 그 목적에 따라서
'운도공사'(運度公事), '신도공사'(神道公事), '인도공사'(人道公
事)의 셋으로 나누어진다. '운도공사'는 내세의 운도를 조정하
여 지상선경을 개척하는 '세운공사'(世運公事), 내세에 나타나
는 재앙을 없애고 제세구민(齊世救民)하는 '겁액공사'(劫厄公
事)', 모든 종교와 신앙의 진수를 모아 통일하여 새로운 것을
만드는 '교운공사'(敎運公事), 각 민족과 국가 내지 문화의 대
립, 갈등을 없애고 모든 민족의 사상을 통일하는 '지운공사'
(地運公事) 등으로 분류된다. 그리고 '신도공사'는 한을 품고
죽은 '신명'(神明)의 한을 풀어주고 평화를 가져다주는 '해원공
사'(解冤公事), 각 지방과 민족 내지 문화로 인하여 서로 다른
신명을 통일하는 '통일신단'(統一神檀) 등으로 구성되어 있다.
'인도공사'에서는 수행을 통하여 방황하고 있는 인간의 영이
신명처럼 밝아지는 '신화도통'(神化道通)과 후천시대의 윤리인

---

132) 노길명, 『한국사회와 종교운동』, 1988, 148-149쪽.

'인존사상'(人尊思想) 등이 제시되어 있다.133) 증산사상에는 이와 같이 선천과 후천의 발전적 전환을 논리적으로 설계한다는 특성이 있다. 그의 사상적 근원은 고조선의 개국신화인 환인, 환웅, 환검(단군)의 삼신제왕(三神帝王), 삼신제석(三神帝釋), 삼신왕(三神王)과 같은 삼위 혹은 삼위일체의 전통 사상에 접맥시킴으로써 고대 이래의 민족, 민중의 종교 사상에까지 거슬러 올라갈 수 있는 것이다.

또한 강증산은 전통신앙과 함께 무속신앙도 사상 확립의 중요한 매개로 삼는다. "이 당 저 당 다 버리고 무당의 집에 가서 빌어야 살리라."134)고 말하며 외래 종교에 비해 경시되어온 토속의 민간 신앙을 중요시하였다. 그리고 유교, 불교, 선교와의 융화 문제에 대해서는 동학의 최수운과 같은 생각이지만 기독교에 대해서는 최수운보다 훨씬 호의적이다. 그는 종교의 집대성 작업이 신명계(神明界)에서 행해지고 있고 신명의 통일을 이룩하지 않으면 참된 인류구원은 불가능하다고 주장한다. 그러나 기독교에 대해서는 비판적인 면도 있다. 예를 들어 "서교는 신명박대(神明薄待)가 심하므로 능히 성공치 못하리라",135) "병오 시월에 예수교당에 가사 모든 의식과 교의를 문견하신 후에 종도들에게 일러 가라사대, '족히 취할 것이 없다' 하시니라."136)고 전해진다. 삼교에 대해서는 '불지형체'(佛之形體), '선지조화'(仙之造化), '유지범절'(儒之凡節)로 평가하며 선교(仙教)의 조화가 제일 우수하다고 지적했다. 그러나 그는 각 종교의 법술이 다르다는 점을 인정하면서도 만교

---

133) 同書, 152-153쪽.

134) 『순전경』, 십판, 4:65.

135) 『대순전경』, 십판, 3:149.

136) 『대순전경』, 십판, 3:11.

(萬敎)의 일원적인 융화의 통일사상을 명확히 내세운다.

증산교사상의 가장 특징적인 것은 해원상생사상(解冤相生思想)이다. 이것은 싸움으로 뒤범벅이 된 세계를 함께 사는 평화의 땅으로 바꾸기 위해서 강증산이 내세운 평화이념이다. 역사상 인류의 모든 종교와 문화, 제도와 원리가 서로 배타적으로 상극의 틀을 벗어나지 못한 상태로 극심한 대립을 펼치는 가운데, 인류의 역사는 수많은 전쟁으로 피투성이가 되어 왔다. 이것에 대하여 증산교는 다음과 같이 설명하고 있다. "선천에는 상극지리가 인간의 만사(萬事)를 맡았으므로 모든 것이 도의에 어그러져서 원한이 맺히고 쌓여 삼계에 넘치매 마침내 살기가 터져 나와 세상에 모든 참혹한 재앙을 일으키나니".137) 이러한 상극의 우주질서 가운데서 인간에게 필연적으로 따라오는 문제가 원한의 축적이다. "그러므로 천지도수를 뜯어고치며 신도(神道)를 바로잡아 만고의 원(冤)을 풀고 상생(相生)의 도(道)로써 선경을 열고 조화정부를 세워 하염없는 다스림과 말 없는 가르침으로 백성을 화(化)하며 세상을 고치리라."138) 그러한 상극(相剋)의 이(理)를 바꾸기 위해서 천지의 도수를 다시 고쳐서 신명(神明)을 조화시켜 만고의 원을 풀어주고 상생의 길을 가지고 선경을 열자는 것이다.

동양의 역사상, 원업(冤業)을 처음으로 쌓은 내력에 대해서 『대순전경』에서는 다음과 같이 기록하고 있다. "인류기록의 시초이며 원(冤)의 역사의 처음인 당뇨(唐堯)의 아들 단주(丹朱)의 깊은 원을 풀면 그 뒤에 수천 년 동안 쌓여 내려온 모든 원의 마디와 고가 풀리리라 대저 당뇨(唐堯)가 단주

---

137) 『대순전경』, 십판, 5:4.

138) 앞과 같음.

를 불초(不肖)히 여겨 두 딸을 우순(虞舜)에게 보내고 드디어 천하를 전하니 단주는 깊이 원을 품어 그 분울(憤鬱)한 기운의 충동으로 마침내 우순이 창오(蒼梧)에 죽고 두 왕비가 소상(瀟湘)에 빠진 참혹한 일을 이루었나니 이로부터 원의 뿌리가 깊이 박히고 시대의 추이를 따라 모든 원이 덧붙어서 더욱 발달하여 드디어 천지에 가득차서 세상을 폭파함에 이르렀나니".139) 이후 계속된 혁명과 난에 의해 멸망하고 구족(九族)을 잃은 역적의 원신(寃神)들이 천하에 가득차 있기 때문에 그 원기(寃氣)에 의해 재난이 끊이지 않으므로 억울함과 원한을 풀어주는 것이 평화세계인 선경건설의 시작이 된다. 때는 해원(解寃)시대이므로 "사람도 이름 없는 사람이 기세(氣勢)를 얻고 땅도 이름 없는 땅에 길운이 돌아오느니라."140) 그러므로 후천개벽시대에는 선천시대의 천민, 여성, 노예 등의 신분에 있는 사람들이 세력을 얻게 된다는 것이다.

증산교는 해원사상과 함께 상생의 원리에 대하여도 말하고 있는데 음양오행설(陰陽五行說)로부터 차용한 것으로 조화의 의미를 가지고 있다. 오행은 서로 도와주어 좋게 되는 것을 '생한다'고 하고, 좋게 되지 않게 하는 것을 '극한다'라고 하는데 이것을 천지만물과 인사동정(人事動靜)의 원칙으로 한다. 오행설의 상생상극은 다음과 같다.

상생법(相生法): 목생화(木生火: 불은 나무가 없으면 존재할 수 없다.) 화생토(火生土: 흙은 불이 없으면 형체를 변경할 수 없다.), 토생금(土生金: 금은 흙에서 나온다.), 금생수(金生水: 광물질에서 물이 나온다.), 수생목(水生木: 나무는 물이 없

---

139) 앞과 같음.

140) 『대순전경』, 십판, 3:11.

으면 살지 못한다.).

　상극법(相剋法): 목극토(木剋土: 나무는 흙속에 뿌리를 박고 살기 때문에 흙을 괴롭힌다.), 토극수(土剋水: 흙은 물을 못 흐르게 막을 수 있어서 물을 지배한다.), 수극화(水剋火: 물은 타오르는 불을 끌 수 있다.), 화극금(火剋金: 불은 금을 녹여 형체를 바꿀 수 있다.), 금극목(金剋木: 쇠는 나무를 베어버린다.).

　그런데 후천세계에서는 상생법만 있게 된다고 한다. 그것은 천지만물이 모두 해원(解寃)되기 때문이다. 후천의 해원이 된 상생법은 선천세계의 상극법이 그대로 변모하여 목생토(木生土), 토생수(土生水), 수생화(水生火), 화생금(火生金), 금생목(金生木)이 된다고 한다.141)

　증산교의 해원사상은 신은 신계로, 사람은 인계에로 분리되는 것이 아니라 신인상교상관(神人相交相關)으로서의 해원상생, 바꾸어 말하면 인간세계에 삼재(三災) 등이 넘쳐 좋은 세상이 되지 못하는 것은 원신(寃神)들의 짓이라는 것을 깨달아 그 원한을 풀고 신이 인사(人事)를 적극적으로 도와주게 될 때에만 지상낙원(地上樂園), 조화선경(造化仙境)이 실현될 수 있다고 한다.142) 또한 이 해원의 의미는 현대사회에서 자주 사용되고 있는 해방의 의미하고도 상통한다. 다만 해원의 의미는 '속박과 착취로부터 해방되었다'는 의미의 해방보다 완성적 의미를 갖고 있다고 생각된다. 이른바 해방된 자에게 남을 수 있는 증오나 적개심 등까지 녹여 없애 참된 화해에 달

---

141) 배용덕, 前揭書, 57-58쪽.

142) 李鍾益, '해원상생사상의 신념적 측면과 종교적 측면', 「증산사상연구」, 제5집, 증산사상연구회편, 1979,101-102쪽.

한 상태를 의미한다. 여기에 상생의 의미를 추가할 때 그 의미는 더욱 명확해진다. 선천이 '상극지리'(相克之理)에 의한 모순, 대립, 투쟁의 역사였다고 한다면 후천은 '상생지리'(相生之理)에 의한 화해와 관용의 역사가 되도록 정해져 있다고 한다.143)

증산교의 평등사상은 당시의 사회적 통념에서 보면 특별한 것이었다고 할 수 있다. 증산교의 평등사상은 인본사상, 계급타파사상, 남녀평등사상 등으로 나누어 볼 수 있는데 그 내용은 다음과 같다. 첫째로, 인본사상은 민중의 자유와 평등에 근거하고 있다. 천도교의 동학농민 혁명은 '인내천'사상을 가지고 인간을 천시해 온 유교적 계급주의 사상을 부정하고 인간의 존엄성을 주장하는 것으로부터 출발하였다. 증산사상은 여기에 더하여 평등사상을 중심으로 하는 '인존사상'을 가르치고 있다. "나는 오직 빈천하고 병들고 어리석은 자를 가까이 하노니 그들이 곧 내 사람이라."144) "천존과 지존보다 인존이 크니 이제는 인존(人尊)시대니라."145) "신보(神報)가 인보(人報)만 같지 못하느니라."146) 이처럼 강증산은 집단보다 그 집단을 구성하고 있는 개인에 대해서 보다 큰 관심을 보이고 있으며 개인 중에서도 상류계급보다 하층계급인 천민이나 무식자들에게 관심을 기울이고 있다. 그리고 인간이 하늘보다도 고귀하며 존엄한 존재라는 인본중심사상(人本中心思想)은 동학사상에서 발전시킨 것이라고 생각되어진다.147)

---

143) 曹藝泉, '해원상생론에서 본 동서 이데올로기의 止揚', 「증산사상연구」, 제9집, 증산사상연구회편, 1983,140-141쪽.

144) 『대순전경』, 십판, 6:14.

145) 『대순전경』, 십판, 6:119.

146) 『대순전경』, 십판, 6:70.

또한 계급타파사상은 봉건적 신분제도의 타파를 목적으로
한다. "양반의 기습(氣習)을 속히 빼고 천인을 우대하여야 속
히 좋은 시대가 이르리라."148) "어떤 사람을 대하든지 다 존
경하라. 이 뒤로는 적서의 명분과 반상의 구별이 없느니라
."149) 강증산은 계급타파에 대하여 강한 집념을 갖고 있었으
나 그는 동학농민 혁명의 실패의 원인도 교단 내부의 계급적
구조에 있다고 비난했다. 그는 특히 천민에 대하여 커다란 관
심을 갖고 있었으나 그것은 당시의 평등사상이 상민(常民)에
초점을 두고 있었다는 것에서 발전한 것이라고 생각된다.

더욱이 남녀평등사상에 대해서 말하자면 상당히 구체적이
고도 실천적인 면을 갖고 있다. "이 때는 해원시대라 몇 천
년 동안 깊이깊이 갇혀 있어 남자의 완롱(玩弄)거리와 사역
(使役)거리에 지나지 못하던 여자의 원을 풀어 정음 정양으로
건곤(乾坤)을 짓게 하려니와 이 뒤로는 예법을 다시 꾸며 여
자의 말을 듣지 않고는 함부로 남자의 권리를 행하지 못하리
라."150) "사람을 쓸 때에는 남녀의 구별이 없나니."151) 먼저
강증산은 억압당하고 있던 여성의 사회적인 지위에 대해서 동
학사상보다도 더욱 근원적으로 추구하며 여성들의 사회적 지
위를 향상시켜야 된다고 강하게 표명하고 있다. 강증산은 남
녀동권이 이루어질 수 있는 구체적인 방법으로서 축첩(蓄妾)
제도나 과부개가금지(寡婦改嫁禁止) 제도에 대해서 반대할 뿐

---

147) 盧吉明, '증산의 평등사상', 「증산사상연구」, 제4집, 증산사상연구회편, 1978, 121-124
쪽.

148) 『대순전경』, 십판, 6:6.

149) 『대순전경』, 십판, 3:5.

150) 『대순전경』, 십판, 6:134.

151) 『대순전경』, 십판, 6:114.

만 아니라 여성이 남성과 동일한 사회참여의 기회를 가져야
한다고 주장했다.[152)

그의 평화사상은 동학의 평등사상보다 한발 앞선 것으로
세계평화와 인류구원을 지향하고 있다고 평가된다. 그 토대는
봉건적 사회구조 속에 묻혀 있던 인간의 가치와 존엄성을 되
찾는 인간존중운동이다. 이것은 유교적 신분제도를 타파하고
모든 인간이 평등하게 존경받고 또한 농민이나 천민의 사회적
지위가 개선됨으로써 비로소 실현될 수 있는 것이며 여기에는
동학운동이 제시한 평등사상이 큰 역할을 하고 있다. 그러나
강증산은 동학이 유교적 배타주의에 머물러 있음을 비판하면
서 조선민중의 평화가 세계민중의 평화로 이어지는 비전을 보
는 것이다. '해원상생'(解寃相生) 사상은 인간 한 사람 한 사람
의 마음의 평화를 통하여 실현되는 세계평화에의 비전이다.
또한 그의 평화사상은 사회개혁운동에 의해서가 아니라 종교,
정신개혁운동에 의해서만 실현될 수 있는 것이다. 왜냐하면
한 민족 혹은 한 계급에게만 평화를 가져다주기 위한 사회적
노력은 분쟁을 유발하게 되고 타민족이나 한 계급의 불행을
가져다준다는 것이 지금까지의 인류 역사의 경험이었기 때문
이다. 이러한 사상은 동학의 개혁사상과 민중의 전통적 종교
인 무속(巫俗)의 포용성과 평화주의를 합류시킨 것이라고 생
각된다.

---

152) 『대순전경』, 십판, 3:120, 4:40 참조.

Ⅳ. 한국 기독교 수용의 양상

한국인이 주체적으로 기독교를 수용하는 가운데 한국민족이 역사적으로 계승하여 온 종교·문화적 전통과 만나서 교류한 것은 지금까지 신학적 관심의 대상이 되지 못했다. 그 이유 가운데 하나는 초기 기독교가 종교·문화적 성격보다 정치·사회적 성격을 가지고 발전해 온 것으로 이해하여 왔기 때문이라고 생각된다. 그것은 동학농민전쟁이나 삼일독립운동을 한국 민족운동의 전거(典據)로 보면서 70년대 한국의 청지·사회적 과제와 씨름한 민중신학의 영향일 것이다. 분명히 한국의 민중전통에는 정치·사회적 성격의 민중이야기가 주류를 이루고 있고, 또 기독교가 성장하는 과정에서 반민중적 이데올로기로서의 역할을 한 것도 사실이다. 그러나 동학농민전생이 소작농민이나 노비를 중심으로 한 피지배계급에 의한 순수한 민중혁명적인 성격을 가지고 있는 반면, 삼일독립운동은 지식인이나 종교가들을 중심으로 한 민족주의운동에서 시작된 것이다. 또한 이런 운동이 실패로 끝난 다음에 종교운동은 정치적 이데올로기로서의 성격이 엷어지게 되면서 다시 종교·신앙적 성격이 회복되었다. 동학농민혁명이 실패하고 난 후에 신앙운동을 중심으로 하는 증산교가 새로 나타나고, 기독교는 보수적인 신앙집단으로 변화되게 되었다.

민중전통에 대해서 말할 때, 정치신학적인 측면에서의 민중전통과 종교신학적인 측면에서의 민중전통을 나누어 보아야 한다. 앞서 언급한 바와 같이 정치신학적인 측면에서 기독교는 삼일운동 등을 통하여 민족교회로서 위치를 확고히 했을 뿐만 아니라 민권의 신장에 기여하면서 서민들의 종교적 니드

에 부응했다고 보여진다. 그러나 동학농민전쟁에서 경험한 바
와 같이 민중지향의 종교가 일정한 사회사상이나 정치사상을
도출해 내는 것은 가능할지 모르나 완전한 사회개혁을 위한
제도를 제공하는 것은 쉬운 일이 아니다. 그러므로 종교신앙
운동은 언제나 서민의 문화와 생활의 중심에 서서 민중의 고
난에 참여하고, 상처를 치유하면서 지배권력에 대하여 반지배
이데올로기로 작용해 왔다.

　　한국근대사에서 기독교의 민중적 수용은 말할 것도 없이
민중종교의 전통문화와의 만남을 통하여 가능하게 되었다고
생각된다. '동학'이라는 명칭에서 보이는 대로 조선시대 말기
의 민중종교는 기독교를 서양종교로 이해하였고, 서학이라고
부르면서 적대시하였다. 또한 기독교는 초기 천주교의 계속되
는 박해에서 보여지는 바와 같이 조선시대의 차별적 계급제도
에 반하는 만인평등사상을 주장하면서 조선의 전통문화의 하
나인 조상제사를 우상숭배라고 거부하였다. 그리고 개신교는
총독부가 국가신도에 의한 천황제 이데올로기를 확산시키기
위하여 행한 유사종교 박멸정책에 편승하여 전통적인 종교들
을 멸시하였다.

　　그러나 동학은 기독교에 대해서 위협을 느끼면서도 유학
자들처럼 '사교'(邪敎)라고 하면서 비난하지 않고 삼일독립운
동 때에는 협력관계를 구축하였다. 또한 조선시대에 전래된
개신교는 서양의 합리주의이나 실용주의의 영향을 받은 근본
주의적인 신앙을 가지고 있었지만, 한국인들은 열광주의적 신
앙으로 받아들였다. 안병무는 이에 대하여 "선교사들이 전한
기독교와 한국인들이 주체적으로 이해하고 해석한 기독교가
다르다."고 말했다153). 그는 한국인들이 기독교를 수용할 때

히브리적인 요소, 즉 합리적인 것과는 다른 비합리성, 단념하고나 좌절하지 않고 다시 일어나는 다이나믹스, 강한 의지, 언제나 희망을 잃지 않는 불굴의 신앙을 갖게 되었다고 지적했다. 이런 것들은 오히려 한국의 종교전통인 천년왕국적 민중운동, 선경건설운동(仙境建設運動)、弥勒仏教思想、후천개벽사상(後天開開思想)에 기독교가 촉발(觸發)되어 나타난 것들이라고 보는 게 타당할 것이다. 또한 그는 한국의 개신교는 전통적인 종교다원주의적 상황 속에서 한국의 정신문화에 계승된 신비주의적 전통을 계승하고 발전시킬 수 있는 가능성이 많다고 보고, 명상과 신비주의적 체험을 강조하는 동방교회의 전통은 한국의 전통적 종교문화와 만날 가능성이 많다고 보고 있다154).

　　그런데 기독교와 무속을 비교하여 연구한 최길성(崔吉城)은 기독교의 신비주의적인 신앙이 전통적 무속신앙에 기반을 두고 있다고 보고 있다.155) 그에 의하면 기독교와 무속은 현식적인 면에서 유사성을 가지고 있다고 한다. 특히 종교의례인 예배와 굿에는 기도에 축원이 대비되고, 설교에 공창(空唱)이 대비되고, 찬미에 가무(歌舞)가 대비된다고 한다. 1907년에 전국적으로 확산된 부흥운동은 무속적인 토양에 기독교가 정착한 것을 의미한다고 말하고, 한국교회의 고속성장에는 무속적인 영향이 개재되어 있다고 지적한다.156) 실제로 교회에서

---

153) 안병무, 『[역사 앞에서 민중과 함께]』, 1991, pp20-22.

154) 같은 책, p26.

155) 최길성, '전통문화와 서양문화' II] 1987년, pp233-245. 한국의 무속과 기독교를 비교연구한 학자들 가운데 민속학자들은 대부분 최길성과 같은 의견을 가지고 있는 게 주목된다.

156) 같은 책, p242.

간증하는 신앙체험이나 설교 속에서 무속신앙의 강신관념(降神觀念)과 비슷한 현상을 목격하는 것은 쉬운 일이라고 한다.

무속의 강신체험(降神体驗)과 기독교의 성령체험을 비교하면 예배의식이나 신앙체험의 형태만이 아니라 신앙의 내용에 있어서도 서로 통하는 요소들이 있다고 한다.[157] 무속신앙의 기본구조는 생전의 원한이 죽은 후에까지 계속된다는 생각에서 죽은 자의 영혼을 제사하여 위로하든지 아니면 강신(降神)시켜서 원한을 풀어주든가 하는 것이다. 무속신앙을 기독교의 예수에 맞추어 보면 다음과 같다. 예수는 미혼 성인남자로서 청춘으로 불행한 죽음을 당한 인물인데 무속에서는 불행하게 죽은 사람의 영혼이 살아있는 사람에게 피해를 주는 존재로 보기 때문에 사후에라도 영혼결혼 혹은 굿을 행하여 한(恨)을 쫓아 버려야 한다. 더구나 예수는 자손을 남기지 않았을 뿐만 아니라 사회적으로도 위대한 업적을 다하지 못하고 억울하게 죽임을 당한 인물이다. 이런 인물의 영혼을 사회적으로 위로하기 위하여 사당을 짓고, 신으로 모시는 것이 무속신앙의 일반적인 구조이기 때문에 예수의 죽음을 무속적으로 생각할 때, 예수를 모시는 것은 당연한 일이다. 그러므로 기독교의 한국적 수용에 있어서 한국민족의 종교신앙인 무속의 신앙구조가 기독교 신앙을 받아들일 때 일정한 역할을 했을 것이라는 것은 충분히 짐작할 수 있다.

한국적 기독교의 특징 가운데 하나는 부흥회와 같은 대중집회에서 볼 수 있는 열광적인 집단최면 현상인데 이것은 한국의 전통적인 무속신앙과 관련이 있다고 생각된다. 한국교회의 부흥회는 1907년 평양의 대부흥회를 계기로 길선주(吉善

---

157) 같은 책, 244-245쪽

宙) 목사와 김익두(金益斗) 목사 등이 시작하여 후에는 종말
론운동으로 이어졌다. 길선주 목사는 새벽기도회나 통성기도
를 창안한 인물이고 요한계시록을 1,200회나 읽었고 한다.[158]
그는 선교(仙敎)를 믿기도 했고, 자연과 인간과의 구속적 화해
를 메시지의 중심에 두면서 은둔과 피안적 신앙이 아닌 역사
한 가운데 증언하는 애국적 신앙을 전하고 지상천국의 건설을
부르짖었다. 김익두 목사는 신약성서를 100회 읽고 나서 세례
를 받은 열심 있는 청년이었다. 그는 1901년부터 성령의 임재
와 기적적인 치유를 행하는 부흥목사로서 유명하다. 그는 영
적 사랑을 강조하고, 성령의 능력과 기도의 능력을 전하면서
가난한 사람들이나 병자들, 무학자들, 소외된 자들에게 천년왕
국에 대하여 설교하고, 오늘의 고난은 천국에서의 영화와 비
교할 수 없는 것이라고 위로하고 민중들에 삶을 긍정하도록
하기 위하여 일했다.

　더욱이 두 사람의 종말론적인 신앙을 계승한 이용도(李龍
道) 목사(1900-1933)는 기독교의 고난의 십자가상을 1930년대
의 한국민족의 비운과 교회의 시련으로부터 이해하려고 했고,
그리스도에 대한 절대적한 사랑을 나타냈다. 그러나 그는 사
랑의 융합을 통해서 주님의 피를 나눈다고 믿고, 자기 자신을
수난당한 그리스도와 동일시했다[159]. 그의 신비주의는 유명화
(瀏明花)의 예수친림설, 백남주(白南柱)와 한준명(韓俊明)의
접신극 등으로 이어지면서 한국기독교의 신비주의의 성격을
나타냈다. 이호빈(李浩彬) 목사는 입신에 대하여 "주님이 썬다
싱에게는 간접적으로 나타나셨지만 유명화에게는 직접 친림하

---

158) 민경배, 『한국기독교회사』, 350-351쪽.
159) 같은 책, 389쪽.

셨다. 주님이 우리 조선에 이렇게 친림하시기 때문에 이것은 조선 최대의 영광입니다."라고 말했다160). 그리고 황국주(黃國柱)란 청년은 백 일간 기도한 후에 특별한 계시를 통하여 자신의 목이 잘라지고, 대신에 예수의 목이 붙여졌다고 하는 극단적 신비주의를 드러냈다. 이것에 대해서 "신자의 참 신앙은 신비주의와 세속생활을 합치시킨 사람이다…… 정신적으로는 신비주의를 가지고 하나님과 늘 교제하면서 생명이 있는 한 인류사회에 들어가 일할 수밖에 없다."는 반응은161) 당시 기독교의 신앙적 분위기를 대변하는 것이다.

이러한 신비주의적 부흥운동은 사회주의계열의 운동가나 진보주의 청년계층으로부터 몰역사적이고 비현실적이라고 비난받았으나 많은 소외당하고 연약한 사람들에게 암흑과 같은 현실을 극복하고자 하는 신앙적인 에너지를 제공했다는 점에서 '민중운동적인 성격'이 있다고 이해된다.162) 한국의 기독교는 선교초기부터 무속적 민간신앙의 특징이라고 할 수 있는 현세적 구원, 즉 지상천국 건설을 종말론적인 가치관으로서 형성하였고, 또한 무속의 강신(降神) 개념과 비슷한 신비주의 혹은 신비주의적 예수 이해가 나타났다는 것은 기독교의 수용에 있어서의 한국적 성격으로 간과할 수 없는 것이라고 생각된다.

---

160) 같은 책, 393쪽
161) 같은 책, 399쪽.
162) 민경배, 『대한예수교장로회백년사』, 1984,416쪽.

V. 한국종교문화의 신학적 이해

한국에서의 기독교 선교는 서구문화를 기반으로 하면서 한국의 종교문화를 무시한 결과, 기독교 공동체 가운데 문화적 빈곤이 나타나게 되었다고 볼 수 있다. 한국민중의 역사문화를 신학의 자료로 하여 성립된 민중신학은 서구문화화 된 19세기의 기독교를 복음으로 오해한 것이라고 주장하였다. 그러나 민중신학자들은 한국민중에게 이스라엘 민중의 복음을 전하려고 하였지만 복음을 한국의 문화에 토착시키는데 실패했음을 인정하였다. 민중신학자의 한 사람인 김용복(金容福)은 "민중신학이 한국민중의 정치, 사회, 경제생활과 함께 종교, 문화생활을 통전적으로 이해하기 위해서는 토착화문제에 적극적으로 관심을 갖아야 한다."고 반성하고 있다[163].

문화신학자 김경재(金敬宰)는 민중의 종교적 차원과 민중신학의 관계에 대해서 다음과 같이 지적한다. "한국의 종교사를 바라볼 때 민중의 종교심성에서 정치적 요소와 문화적 요소, 즉 정치성과 종교성이 유리될 때 이 종교는 쇠퇴하였다. 민중신학이 새로운 콘텍스트 안에서 재충전하고 발전하기 위해서는 사회, 정치적 요소만이 아니라 한국민족이 수천 년간 고난 속에서 의지해 왔던 문화적 영성에 관심을 갖아야 한다."[164] 정치, 경제적 상황 속에서 헤매는 인간의 영혼을 치유하는 일이 신학의 과제여야 한다는 것이다.

한국민족의 종교적 경험은 매우 다원적이고 복합적이라고 할 수 있다. 시대에 따라 유입된 주류적 종교문화를 절대적

---

163) 김용복, '민중신학과 토착화신학' 「기독교사상」 1991, 29쪽.
164) 서남동기념논문집편찬위원회, 『전환기의 민중신학』, 1992, 33쪽.

가치관으로서 받아들인 지배계급과는 달리 피지배 민중은 무
속문화, 불교문화, 유교문화, 선교문화 등이 각각 다른 형태로
받아들이는 것이 아니라 각 종교문화가 하나의 다른 차원으로
보며 그 모두를 복합적으로 수용하는 것이다. 한국민족에게는
하나의 종교가 다른 종교를 대치하면서 수용되어 토착화 된
것이 아니라 축척되면서 정착된 것이다. 천도교나 증산교는
분명히 무속적 요소와 함께 유교적 요소와 기독교적 요소를
모두 포함하고 있다고 볼 수 있다. 따라서 기독교가 한국민족
의 다원적 종교 경험 안에 또 하나의 종교문화를 제공하면서
어떻게 하면 이전의 문화적 속박으로부터 한국민족을 해방시
키고 참 생명의 문화를 창조해 낼 수 있는가. 이것이 토착화
신학 혹은 문화신학의 과제가 될 것이다.

　　문화와 종교의 변증적 관계를 존재론적으로 이해하려고
한 틸리히(P. Tillich)는 "하나의 문화 양식을 읽을 수 있는
사람은 그 문화가 가진 궁극적 관심, 그 종교적 실체를 발견
할 수 있다."[165]고 말했다. 만일 종교적 진리가 문화란 형식에
통하여 표현할 수 있다고 한 틸리히의 주장이 맞다면 민중신
학의 복음이해는 민중의 문화라는 형식을 통해서 표현되어야
한다. 민중신학이 형이상학이나 사변적인 어법이 아니고 사실
성과 현장성을 가진 민중어법을 사용해야 하는 이유가 여기에
있다. 그러나 한국에 전래한 기독교는 서구의 문화형식을 빌
리고 있기 때문에 서구문화, 특히 서구적 어법을 이해하지 못
하면 그 실체인 복음을 이해하는 것은 불가능하게 된다. 그래
서 기독교의 복음이 한국민족에게 궁극적 관심이 되기 위해서
는 한국의 문화로 표현되어야 하는 이유가 생기는 것이다. 더

---

165) Paul Tillich, 『문화의 신학』, 김경수 역, 1993년, 53쪽.

구나 한국문화의 여러 양식들 가운데 민족종교는 한국민족의 궁극적 관심을 표현한 형식이기 때문에 민족종교의 현식을 빌려야 할 필요성이 대두된다.

다행히도 한국의 선의 민족종교에는 기독교의 복음을 표현할 수 있는 구조를 많이 가지고 있다고 전해지고 있다. 그 중의 하나가 신의 칭호에 대한 기독교와 민족종교의 유사성이다. 한국의 기독교는 성서를 한국말로 번역할 때 '하나님'이라는 용어를 신의 칭호로 사용했다. 곽노순(郭魯舜)은 조선인의 전통적인 '하느님' 신앙과 성서의 하나님 이해의 사이의 기능적인 유사성을 열한 개나 들고 있다.[166]

① 하느님 칭호가 God 같이 복수가 아닌 점
② 민족신화화 하지 않는 점
③ 신적 탄생신화 혹은 계보가 없는 점
④ 왕의 천자사상의 유사성
⑤ 신의 모습을 형상화하지 않는 점
⑥ 의인론적(擬人論的) 묘사(anthropomorphism)
⑦ 하늘을 윤리적 요청에 의한 숭경의 대상으로 함
⑧ 기우제와 엘리야 기사의 유사점
⑨ "하늘"이라는 장소에 계신 분이라고 묘사한 점
⑩ 많은 신들 가운데 최고신의 개념과 야훼 신과 유사점
⑪ "하늘"이란 말을 신으로 대신한 점.

하지만 김경재(金敬宰)는 한국 기독교가 처음에 성서의 신의 칭호를 '하나님'이라고 했을 때 '유일한 하나의 신'(A

---

166) 곽노순, '한국교회와 하나님 칭호'. 「기독교사상」 1972년 2월, 112쪽.

Supreme Being)이란 수적 관심 때문이었다고 지적하고, "기독교의 '하나님' 칭호가 한국민족의 '하느님' 신앙에 부여하는 생명 있는 누룩과 같은 새로운 창조적 요소가 무엇인가를 인식하여야 한다."고 말했다.167) 즉 초기 한국교회가 다종교적 문화상황에 직면하여 배타적인 의미로 사용한 '하나님'이라는 신칭호는 성서가 증언한 대로 전존재의 근거(ground)이고, 능력(power)이고, 의미(meaning)라는 개념과 연결되어 지기일원론적 자연주의(至氣一元論的 自然主義) 혹은 유신론적 범재신론인 한국민족의 전통적 "하느님" 신앙과 만나야 한다는 것이다. 특히 동학사상 안에 이런 만남을 찾아볼 수 있다고 생각된다.

동학사상의 특징으로서 '지기일원론적 자연주의'(至氣一元論的 自然主義), "풍류평화주의", "혁명적 개벽주의" 등을 들 수 있다.168) 지기일원론적 자연주의란 자연주의적 범재신론에 입각하여 하늘과 자연과 인간을 지기(至氣)에 따라 일원론으로 해석하여 경천(敬天), 경물(敬物), 경인(敬人)을 동일시한 인내천(人乃天) 사상을 의미한다. 또한 풍류평화사상은 화랑도(花郎道)의 풍류도를 부활시킨 국선(國仙)사상과 힘의 목적과 의미를 평화추구로 보고, 비폭력, 불살생 사상으로 발전시킨 정신적인 흐름이다. 더욱이 후천개벽사상이란 불교의 선근공덕(善根功德) 사상을 중심으로 도교의 음양오행과 풍수치리, 도참사상을 종합한 민간신앙의 한국적 종말론이라고 할 수 있는 『정감록』(鄭鑑錄)에서 유래한 보국안민(保國安民)을 위한 혁명사상이다.

---

167) 김경재, 『한국문화신학』, 1986, 116쪽
168) 같은 책, 124쪽.

윤성범(尹聖範)은 동학이 유교, 불교, 선교 위에 기독교를 합한 절충주의(折衷主義)의 산물이라고 본다. 그는 "천도교(동학)는 천주교를 조선의 샤머니즘의 토대에 토착화한 것이고, 최수운(崔水雲)이 내심 기독교를 신앙하고 있었다."고 말한다.169) 동학과 기독교의 직접적인 관련은 의심스럽다고 해도 천주교의 시천주(侍天主) 사상이 기독교의 인격주의적 유일신관(人格主義的 唯一神觀) 혹은 계시사상과 유사성을 가진 것은 인정하지 않을 수 없다. 김경재(金敬宰)는 "복음은 주체개념이 아니고 상관개념이다"170)라고 한 안병무(安炳茂)의 견해에 동의하면서 "한국의 신학과제는 복음이 변화하는 것을 두려워하지 말고, 서구신학이 규명한 복음의 본질을 기초로 하여 한국민족의 삶과 오늘의 자연과학이 밝혀준 실재에 대한 새로운 이해를 통하여 복음이해를 새롭게 하는 것이다."고 말했다171).

풍류도172)의 신학자 유동식(柳東植)은 한국의 종교문화사가 풍류도의 자기전개의 역사이고 한국민족이 소망한 '인간다운 삶'의 형성의 역사라고 본다.173) 그는 한국 종교문화의 기반이 된 풍류도의 구성요소인 '멋'(예술)과 '한'(종교), '삶'(생활)이 시대의 변화와 함께 불교문화, 유교문화, 기독교문화로

---

169) 윤성범, 『기독교와 한국사상』, 1990, 213쪽.

170) 안병무, '한국신학의 현황과 과제', 「신학사상」 제1집, 24쪽.

171) 김경재, 앞의 책, 141쪽.

172) 신라의 학자 崔致遠이 "우리나라에는 본래 깊은 신묘한 도가 있는데 이것을 풍류도라고 한다."(國有玄妙之道曰風流道一實及包含三教接化群生, [三國史記] 新羅本紀, 眞興王)라고 말한 것으로부터 풍류도가 유교, 불교, 선교를 포함하고 있는 한국민족의 고유종교라고 한다. 유동식, 『풍류도와 한국종교』, 1992, 168-169쪽. 참조.

173) 유동식, '한국민족의 영성과 한국종교', 기독교사상편집부, 『한국의 문화와 신학』, 1992, 21쪽.

나선적으로 교체되면서 전개되어 왔다고 말한다. 그는 기독교 신앙의 풍류도적 이해가 풍류도와 기독교 사상의 만남에서 시작되고, 한국문화의 이념을 결정하다고 말하고, 풍류도를 기독교의 삼의일체 개념에 대비시킨다. '한'(하나, 큰)은 만유의 아버지이신 하나님과 만날 수 있다. 신라의 원효가 "일심의 근본으로 돌아간다."(歸一心之源)고 할 때174), 일심은 모든 문화 현상을 포함하고, 하나에 귀결시키는 것이다. 이것은 "하나님은 한 분이십니다. 모든 것의 아버지시오, 모든 것 위에 계시고 모든 것을 통하여 계시고 모든 것 안에 계시는 분이십니다"(엡 4:6)라고 말한 바울의 말씀과 통한다. 다음으로 '멋'은 성령과 만날 수 있다. 요한복음 3장 8절에 의하면 성령으로 난 사람은 주체적으로 창조된 자유인이다. 이것은 예술의 창조적 성격을 생성하는 것이다. 셋째로 '삶'은 그리스도와 만날 수 있다. 한국역사 가운데 '삶'은 동학농민전쟁에서 발견되는 인간화를 지향한다. 누가복음 4장 8절이 전하는 예수 그리스도는 사람을 사람답게 살게 하는 분이시다. 그래서 기독교적 풍류문화는 사회정의의 실현을 지향한다.

민중신학의 문화적 변용에 있어서 민중예술의 신학적 이해는 한국 민중문화의 포괄적 이해와 함께 매우 중요한 주제이다. 현영학(玄永學)은 한국의 민중예술의 대표적인 형식인 탈춤에 대한 민중의 종교적 경험을 '비판적 초월'이라는 말로 표현한다.175) 탈춤에서는 양반을 비꼬고 풍자함으로서 양반봉

---

174) 유동식은 원효가 말한 한국인의 이상을 다섯 가지로 설명한다. ① 종교적 보편주의 ② 眞俗一如에 입각한 세속주의 ③ 無碍道(욕심과 집착으로부터의 해방) ④ 和諍論 ⑤ 실천성. 유동식, 『한국종교와 기독교』, 1991, 51-54쪽 참조.
175) 현영학, '한국탈춤의 신학적 이해', 『민중과 한국신학』, NCC신학위원회 편, 1984, 360쪽.

건체제를 초월하고, 자신들의 불행을 안타까워 울면서 자신들의 숙명을 풍자하여 웃는 것을 통해 자기들의 사회적 처지를 초월하고자 하는데 이것은 현실에 대한 참여와 비판적 경험을 기초로 한 것이기 때문에 비판적 초월의 경험이라고 말할 수 있는 것이다. 그는 민중의 예술적 통찰력에 대해서 다음과 같이 말한다. "민중들은 지배자들만이 아니라 자신들과 자신들의 종교까지 포함해서 세상의 모든 것을 웃음으로 초월한다. 양반이 이 세상을 너무 집착하든지 혹은 이 세상과 너무 거리를 두고 있기 때문에 그들에게는 보이지 않지만 민중은 세상의 현실을 정확하게 파악한다."고 말했다.

또한 민중은 양반과는 달리 '전도된' 실재의 세계를 넘어선 '본래적인' 삶의 세계를 바라본다.176) 탈춤과 같은 민중의 해학은 인간정신의 예속을 웃어넘기는 것에 의하여 그 예속이 최종적인 것이 아니라 극복할 수 있는 것이라고 말한다. 그리스도의 부활에 대한 신앙은 그리스도의 십자가라는 비극에 대한 희극적인 극복을 의미한다. 대학생들의 탈춤 속에서 삼일만에 부활한 예수가 베드로에게 나타나서 "놀랐지?"라고 하면, 베드로가 "웃기지 마세요."라고 대답하는 장면이 나오는데 종교적인 의미는 이런 유모아를 통해서 전개한다. 그러므로 민중의 놀이문화는 사회의 저변에 있는 가장 세속적인 경험을 통해서 가장 '거룩한' 초월의 세계를 경험하려고 하는 민중의 종교경험의 표현이며 생활의 지혜이다. 기독교가 한국민중에게 접근하려고 할 때, 이런 민중의 문화적 양식을 통하지 않고는 민중의 외침이나 초월의 갈망에 응답하는 일은 불가능할 것이다.

---

176) 같은 책, 361쪽.

맺는 말

서구기독교가 한국에 전래되어 왔을 때 어떻게 한국민족이 받아들였는가 혹은 어떻게 한국의 전통적인 종교들과 만났는가 하는 질문은 언제나 한국 기독교의 역사와 신학의 과제로 남게 된다. 근대 한국에 있어서 매우 양극화된 사회적 계급구조 안에서 민족종교는 피지배민중을 향하여 인간구원과 사회적 해방을 선포하였고, 초기 교단에서는 민중에 대한 이해가 이원화되어 있지 않았다. 그러나 민족종교의 조직화나 제도화가 진행되는 과정에서 정치신학적 이념이 중시된 천도교와, 종교신앙적 구원이념이 심화된 증산교가 나타났다. 한국의 민족종교에 나타난 민중전통은 대종교, 천도교, 증산교 등 교단들의 역사적인 흐름 안에서 형성되었다고 할 수 있지만 시대상황에 따라 그 강조점이 변화된 것을 알 수 있다. 민족종교들은 그 시작이 조선말기 봉건제도의 붕괴시기와 맞물려서 시천주(侍天主)와 같은 사상은 가지고 피지배민중의 정신적 치유에 중점을 두면서 그들의 생존권을 지키려고 하였다. 그리고 동학농민전쟁에서 보이는 바와 같이 인존사상을 중심으로 하는 민족종교의 신앙이 피지배민중에게 혁명적 동기가 될 때는 그것을 조직화한 사회이념을 가지고 있지 않기 때문에 실패하고 마는 것도 경험하였다.

그러나 한국민중의 인존사상을 기초로 한 평등사상은 증산교라는 소박하고 포용성이 많은 서민적 민족종교에 전이되어 그 정신적 전통을 계승하였다. 제국주의 열강의 침략에 직면하였을 때, 민족종교는 국가적인 위기에서 단군신화를 중심으로 한 반제국주의 이데올로기적인 성격을 갖게 되기도 하지만 이 때 단군신화는 이미 민간신앙으로서 무속화하여 그 명맥을 유지하고 있을 뿐이었다. 그러나 일제시대의 민족종교는 모두 단군신화로부터 민족정통성을 주장하면서 한국의 독립을 주장하였기 때문에 단군신화는 일본의 국가신도의 천황제 이데올로기에 대한 대항 이데올로기로서 기능하였다.

한국의 기독교는 지식인이나 상류계급에 의한 초기 신민회운동과 삼일독립운동 등 이데올로기적 민족운동의 흐름과 비지식인 혹은 기층계급에 의한 대부흥운동과 신비주의적 성령운동 등 두 개의 흐름이 있었다. 전자는 동학농민전쟁 등의 민중운동적 성격을 가지고 있었고, 후자는 천년왕국운동의 종교운동적 성격을 가지고 있었는데 양자는 대립적인 것이라고 생각된다. 그러나 신사참배 반대운동에 따라 대중적인 신앙운동은 민중전통에 서 있는 민중, 민족운동으로 발전하여 민족운동의 흐름에 합류되었다.

그런데 대종교의 역사에서 보이는 바와 같이 단군신앙은 민족주의를 기초로 한 반천황제 이데올로기로 발전하고 민족주체성의 확립을 위한 역사관을 제공하였지만 평화주의적 입장에 서서 민중을 구원한다는 구원론이 약했기 때문에 종교신앙으로 뿌리를 내릴 수 없었다. 또한 단군신앙은 이미 샤머니즘과 같은 민간신앙 속에 습합되어 있었기 때문에 역사의식이 약했다. 단군신화의 비신앙적인 요소와 단군신화를 중심으로 한 교단의 비종교화가 결국 한국에서 국가주의적 민족종교의 형성으로 이어지지 않은 원인이 되었다고 생각된다. 기독교전래와 초기 선교방법이 그 틈새를 잘 끼어든 것이라고 볼 수 있다. 민족종교가 거대한 제국주의의 도전에 직면하여 천도교와 같이 지식인 중심의 이데올로기적인 종교로 흐르거나, 증산교계 각파와 같이 극단적 컬트종교집단으로 흘러갈 때, 기독교는 그 사이에서 헤매는 다수의 한국대중들에게 빛을 비추어 줄 수 있었던 것이다. 역사성과 종교성의 균형을 잘 유지하고 있던 기독교는 포용력이 많은 민족종교에 끼어드는 일은 그렇게 어렵지 않았다고 생각된다. 일제시대에 민족종교와 민간신앙이 유사종교로서 경찰의 단속을 받으면서 박해를 받아 사라지는 가운데 기독교의 교세는 점점 더 확대되었던 것은 기독교가 민족종교의 인구를 흡수했다는 것을 의미한다.

여기에서 그렇다면 기독교는 민족종교의 인적(人的)인 면만을 흡수했을까. 아니면 신앙이나 형식까지 받아들였을까 질문하지 않을 수 없다. 한국의 민족종교, 특히 증산교는 후기 각파의 의식과 교리가 매우 다양성을 보이고 있고, 기독교의 예배형식이나 교의와 합치될 수 있는 요소를 많이 포함하고 있다. 특히 기독교 예배에 있어서의 주술적인 요소와 가무적인 요소는 증산교 각파의 의식과 비슷하다. 증산교에서 볼 때 기독교의 '주기도문', '사도신조'는 증산교의 '주문'에 가깝고, 기독교의 '찬송가와 기도'는 심고(心告)나 굿에 가까운 것이라고 볼 수 있다. 처음에 개신교는 한국의 민중층, 즉 비지식인 농민, 노동자 등을 대상으로 전도하였다고 전하여지기 때문에 단순히 형식적인 유사성이 인정될 가능성이 높다.

기독교 복음의 진리는 영원하고 보편적인 것이다. 그러나 복음을 해석하고 고백하고 신앙하는 행위는 문화적인 틀 안에서 이루어질 수밖에 없다. 한국교회가 한국민족이 오랜 역사 속에서 축적하여 온 한국고유의 문화적 틀에서 기독교의 복음을 해석할 수 있을 때만 기독교는 비로소 서양문화의 탈을 벗고 민족종교로 우뚝 설 수 있을 것이다. 한국의 기독교는 이미 선교 2세기를 넘기고 있으나 여전히 한국문화와의 간격을 좁히지 못하고 있고, 그로 인해 한국교회의 성장에 한계를 드러내고 있다. 기독교 신학은 이미 한국교회의 신앙과 예배, 절기행사 등에 흡수되어 있는 전통적 문화요소를 발견하고 그 만남의 방식과 형식에 대하여 진지하게 분석하고 해석하여 기독교와 한국문화의 화해의 가능성을 모색할 때가 되었다고 생각된다.

"한국교회의 전통문화 수용에 관한 연구"에 대한 논찬

-내용 분석과 방법론을 중심으로-

최성수 외래교수 ● 한남대학교

1.

한국 기독교 선교 초기에는 복음과 문화의 관계가 제대로 정립되어 있지 않아 서구문화를 복음으로 착각하였다. 서구문화가 기독교 문화요, 기독교 문화가 곧 서구문화라는 도식이 성립할 정도였다. 상대적으로 한국의 전통종교적인 배경을 갖는 문화는 모두 우상숭배나 미신적인 행위로 폄하되었다. 종교사적인 연구결과와 신학에서의 역사 비평적인 연구결과는 복음의 본질에 대해 깊은 관심을 갖도록 했고, 또한 성경과 신학에 대한 한국적인 이해와 신학함에 큰 가치를 두게 되었다. 이로 인해 한국교회는 하나님 행위와 말씀의 의미를 인식하는 틀로서 한국전통문화에 대한 높은 관심을 갖게 되었다. 사실 이것은 교회의 주류가 아닌 지류에 의해 형성된 결과물이다. 곧 기독교와 전통문화와의 관계에 관심을 기울이기 시작한 토착화신학자나 종교 신학자들(그리고 후에는 문화신학자들)이 '혼합주의' 혹은 '반기독교적인 사고'라는 비난을 무릅쓰고 기울인 각고의 노력 끝에 얻게 된 것이기 때문이다.

한국교회의 전통문화 수용이라는 주제는 상호 이질적인 문화의 만남이 단순한 충격과 갈등에만 머물러 있지 않고 상호 교류하면서 이뤄진 문화의 성장과 변형을 추적할 수 있게 해주기 때문에 문화적인 정체성을 확인하는 일에서 매우 중요한 일이다. 현대문화 속에서 기독교 문화의 정체성을 반추하고 또 새롭게 형성해 나가기 위해 반드시 필요한 작업이기도 하다. 이토록 중요한 작업이 비록 때늦은 감이 있지만 문화선교의 관점에서 이 관계를 모색해 보게 된 것은 더 이상 지류가 아닌 주류에서 접근한다는 점에서 매우 고무적인 일이라 평가된다.

'한국교회의 전통문화 수용'에 대한 주제가 다뤄지지 않았다는 저자의 지적과는 달리 토착화 혹은 종교신학은 '기독교와 전통종교의 관계'라는 주제 하에 이 문제를 다뤄왔다. 특히 이 분야에서 선구적인 역할을 한 신학자는 유동식이고 문화적인 측면에서 초석을 놓고 이론적인 유형을 정리한 신학자는 김경재다. 유동식은 처음에는 복음의 토착화를 주장하다가 80년대 이후부터는 틸리히가 규정한 종교와 문화의 관계를 바탕으로 한국의 전통문화를 샤머니즘적인 문화로 규정하고 전통종교와의 관계를 탐색해 왔다. 무속과 한국의 전통종교의 관계에서 이뤄진 상호교류를 세 가지 형태의 유형, 곧 단순전승, 창조적 복합전개, 혼합 등으로 분석했다. 한국

무교의 역사와 구조에 대한 연구를 통해 그는 자신의 지론인 기독교의 한국적인 토착화에 대한 근거를 확보할 수 있었다. 즉, 그는 한국인의 종교적인 심성을 무속적이라고 규정하면서 무교문화론을 주장했다.

그런데 사실 이 문제를 처음으로 진지하게 고민한 사람은 비교종교학적인 내용과 기독교의 우월성을 담은 『만종일련』과 『성산명경』의 저자 최병헌(가톨릭에서는 이벽)이다. 최병헌은 전통 유학자로서 감리교 목사가 되었는데, "동양의 하나님과 서양의 하나님은 같다."는 유명한 주장을 했다. 한편으로는 기독교와 타종교를 비교하면서 하나님의 보편성과 기독교의 우월성을 강조하고 있지만, 다른 한편으로는 동양 종교를 긍정적으로 인식하려는 의도를 읽어볼 수 있는 진술이다. 다시 말해서 최병헌에게 동양의 종교는 온전한 형태로서의 기독교에 이르는 과정에 불과했다. 타종교의 가르침이라고 해서 모두 버려져야 할 것으로 보지 않았고 오직 기독교의 진리를 만나게 될 때 비로소 그 의미가 밝혀지는 것으로 보았다. 따라서 기독교 진리를 이해하고 설명하는 데에 도움이 되는 것이라면 타종교적인 가르침을 사용하는 일에 인색하지 않았다.

유동식은 1958년 '도와 로고스'라는 제목의 글을 통해서 한국전통문화가 성경 이해에 매우 중요한 매개체가 될 수 있다고 보고, 한국인의 성경이해는 필연적으로 한국문화를 통해서 이뤄진다는 사실을 주장했다. 유동식의 이러한 주장은 60년대 토착화 논쟁으로 이어졌으며 이 논쟁으로 인해 한국신학계는 복음과 문화의 관계를 심각하게 고민하게 되었다. 그 이후로 이 주제는 토착화신학이나 종교 신학적인 맥락에서 다뤄져왔다. 종교다원주의적인 상황을 긍정적으로 받아들이려는 입장에서는 큰 무리가 없는 것이었지만, 변선환 사태에서 볼 수 있었듯이, 한국의 보수적인 상황에서는 쉽게 관철될 수 없는 주장이었다. 추측컨대 한국신학계가 토착화신학이나 종교신학보다 '문화신학'을 선호하게 된 중요한 이유는 바로 한국기독교의 보수적인 성향 때문이 아닐까 생각한다.

　종교에 초점이 맞춰질 경우에는 '종교'와의 관계가 주제가 되고, 문화에 초점이 맞추어질 경우에는 문화와의 관계를 주제로 삼게 되지만, 사실 틸리히가 규정한 종교와 문화의 관계(종교는 문화의 핵)를 염두에 둔다면 단지 관점의 차이일 뿐 실제는 동일한 결론에 이르게 된다. 그러므로 현대와 같이 문화가 중시되는 시대에 문화선교연구원이 제시한 '기독교와 전통문화', '기독교와 대중문화'라는 주제는 다종교, 다문화 사회 속에서 살아가는 한국 기독교인으로서 그리고 세상 속의 기독교인으로서 한번쯤은 반드시 고민해야 할 사항이다.

　본 논문을 읽으면서 우선적으로 떠오른 의문은 본 논문의 주제가 전통종교문화 속에 있는 한국인의 기독교 수용인가, 아니면 한국교회의 전통문화 수용인가 하는 점이다. 왜냐하면 머리말에서 저자는 본 논문이 기독교가 일본에 비해 한국과 한국인의 종교라는 이미지를 갖게 된 이유를 해명하기 위한 작업임을 시사하고 있기 때문이다. 다시 말해서 저자는 자신의 작업을 밝히면서 "먼저 한국의 전통문화를 형성하고 계승해 온 핵심적 요소로서 종교사상과 문화를 살펴보고 다음으로 기독교 신앙의 수용과 변용에 대하여 살펴보아야 하겠다."고 말하고, 또한 머리말 말미에서도 "한국의 전통문화,

특히 종교문화에 나타난 사상의 틀은 무엇이며 기독교 수용
에서 어떤 역할을 해왔는지를 해명하는 일은 매우 중요한 신
학 작업"이라는 생각을 피력하고 있기 때문이다.

　　물론 그렇다고 해서 이 주제가 완전히 배제된 것은 아니
다. 단지 저자는 '기독교의 한국적 수용'을 중심으로 연구함
으로써 기독교의 전통문화 수용을 간헐적으로만 언급하고 있
고 이를 통해 간접적으로 한국교회의 전통문화 수용을 해명
하는 방법을 취하고 있다. 이런 방식에서도 한국교회의 전통
문화 수용을 엿볼 수 있는 것은 저자가 양자의 만남 속에서
일어나는 상호영향을 전제했기 때문이라고 생각한다.

2.

　　문화는 삶과 더불어 형성되고 삶 속에서 생명력을 유지
한다. 그러므로 다양한 삶은 다양하면서도 이질적인 문화로
이어진다. 서로 다른 문화가 만나게 될 때는 초기의 충격과
대립의 시기를 거쳐 삶의 어울림과 공존을 위해 서로에 대해
어느 정도 관용하게 된다. 충격을 넘어 적응 및 공존의 시기
로 넘어갈 때는 서로를 보충해 줄 수 있는 부분이 수용되면
서 문화적인 교류가 이뤄지는데, 경우에 따라서는 주체성마
저 상실되는 혼합으로 이어지기도 한다. 그러나 기독교는 여
호와 하나님 신앙의 정체성을 위협할 정도의 혼합은 결코 허
용하지 않았다. 만남의 과정에서 수용이 불가피한 경우라고
하더라도 정체성을 잃지 않는 조건에서만 적극적인 수용이
이뤄질 수 있었다.

예컨대 대표적인 경우를 든다면 히브리 민족이 주로 첫 번째 계명에 근거해서 타종교와 타문화를 적극적으로 수용할 수 있었던 것이라 하겠다. 이에 비해 한국교회의 전통문화 수용은, 필자의 연구결과에 따르면, 크게 세 가지 유형으로 구분할 수 있다. 첫째는 신학적인 이해에 따라 이뤄진 것이고, 둘째는 부흥을 추구하는 교회의 수요에 의거해서 수용된 것이다. 셋째는 세속화 형태로 이뤄진 수용이다.

신학적인 근거로 전통문화 수용의 당위성을 주장하는 한국의 토착화(종교) 신학은 주로 서양의 기독교 신학적인 틀에 근거해서, 특히 틸리히(종교와 문화의 관계)와 본회퍼(세속화신학)와 같은 신학자, 그리고 존 힉이나 레이몬드 파니커와 같은 현대의 종교 신학자들의 신학에 근거해서 타종교를 긍정적으로 이해하고 수용하려고 했다. 그러나 이것은 한계에 부딪힐 수밖에 없었으며 한국의 보수적인 벽을 넘어설 수 없는 것이었다. 그 결과 최근에는 종교보다는 문화를 매개로 간접적으로 종교 간의 상호관계를 탐색하는 길을 택하게 된 것이라 생각한다. 그리고 교회의 필요에 따른 수용은 무속적인(기복적인, 신비주의적인) 요소가 대표적이며, 전통 양식의 건축과 전통의상, 그리고 전통음악 등은 전통을 중시하는 시대적인 경향에 맞추어 교회가 적극적으로 수용한 문화형태다. 끝으로 세속화 맥락에서 이뤄진 수용이다. 세속화란 교회 밖에서 통용되는 원리가 교회 안에서도 아무런 문제의식도 없이 자연스럽게 통용되는 현상으로 이해되며, 계급주의, 권위주의, 물질주의 등을 들 수 있다.

확실한 기독교 정체성을 갖고 세상과의 소통을 추구하면서 본 학술모임이 제시한 두 개의 주제(기독교 문화와 대중문화, 그리고 또한 전통문화와의 관계)는 기독교 문화가 세상과 원활하게 소통할 수 있는 기반을 마련함에 있어서 매우 중요한 의미를 갖는다고 하겠다.

특히 교회사 연구자로서 저자(조재국 교수)가 전통문화와의 관계 속에서 한국교회가 무엇을 또 어떻게 수용했는지에 대한 주제를 다룸으로써 기대되는 것은 적지 않다. 특히 한편으로 크게는 교리나 작게는 교단신학, 다른 한편으로는 기독교 전통이 제시하는 관점에 매일 수밖에 없는 조직신학적인 작업은 문화의 상관관계를 신학적으로 제한된 시각에서만 조명할 수밖에 없는 한계를 갖는데 비해, 교회사적인 작업은 전통문화 속에서 그리고 전통문화와의 관계 하에 이뤄진 한국교회의 생성과 발전과정에서 결코 배제할 수 없는 전통문화의 영향력을 비교적 객관적이고도 통합적으로 볼 수 있게 해줄 것으로 기대되기 때문이다.

한편, 본 논문이 한국교회가 전통문화를 어떻게 수용했는지를 밝혀주려는 것으로 이해하는 독자들은, 앞서 지적한 바와 같이, 당황스러움을 느끼게 될 것이다. 왜냐하면 첫째는 저자는 신흥종교(저자의 표현에 따르면 민족종교)를 전통문화의 핵심을 수용하고 상황에 맞는 변형과 함께 발전된 종교로 평가하는 것이고, 둘째는 그럼으로써 기독교가 장차 수용해야 할 전통문화의 내용과 형식이 무엇인지를 환기시키고 있기 때문이다. 다시 말해서 저자는 한국의 전통문화의 원형을 단군신화에게서 보고, 이것이 한국의 신흥종교 안에 수용되었다고 하는데, 특히 주목할 만한 것은 수용과정이 정치적이고 또한 종교문화적인 맥락 속에서 이뤄진 것으로 본다. 저자는 이러한 수용이 한국교회가 한국고유의 문화적인 틀에서 복음을 해석할 수 있기 위해서 반드시 필요할 것으로 전망한다.

3.

저자는 이 주제에 대한 연구의 필요성과 관련해서 두 가지를 지적한다. 그 첫째는 기독교를 주체적으로 수용하는 과정에서 한국의 종교문화적인 전통과 만나 교류한 것이 그동안의 신학연구에서 소외되었다는 것이다. 앞서 지적한 바와 같이 사실 그렇지는 않지만, 여하튼 활발한 연구가 미미한 이유에 대해 저자는 초기 기독교가 주로 정치사회적인 측면에서 파악되었기 때문이라고 지적한다. 종교문화적인 측면이 없었던 것은 아니지만 정치사회적인 노력이 한계에 부딪히고 난 후에 그 대안으로 등장했다고 본다. 둘째는 정치성과 종교성이 분리될 때 종교의 쇠퇴로 이어졌다는 종교사적인 관찰에 근거해서 저자는 민중전통을 말할 때 두 가지 측면은 서로 깊은 연관관계 속에서 고려되어야 한다고 본다. 다시 말해서 저자는 종교의 두 가지 영향력(종교문화적인, 정치사회적인)을 본질적으로 보고, 그동안 간과되어 왔던 주제를 부각시키고 또 그렇게 된 이유를 제시할 뿐만 아니라, 한국기독교의 발전을 위해서는 양자는 반드시 함께 고려되어야 한다고 주장하는 것이다.

본 논문에서 저자는 한국교회의 신앙이 한국문화와 생활에 밀착되어 있을 뿐만 아니라 한국교회가 한국문화의 핵심에 영향력을 행사하고 있다고 전제한다. 그리고 이것을 설명하기 위해 문화사적인 접근방법에 의거해 두 가지 작업을 추진한다. 하나는 한국의 전통문화 형성과 성장에 중추적인 역할을 감당한 종교사상과 문화의 틀을 살펴보는 것이다. 이를 위해 저자는 전통문화 형성의 핵심역할을 단군신화에 함축된 사상(경천사상, 천인합일사상, 보민사상)에서 보고, 단군신화를 근간으로 형성된 세 개의 한국민족종교, 곧 한국의 신흥종교인 천도교, 대종교, 증산교의 핵심 사상을 소개한다. 이들 종교 사상들을 분석함으로써 저자는 한국전통문화의 핵심과 틀을 파악할 수 있다고 기대하는데, 저자가 지적하는 틀의 첫 번째는 외세 혹은 국내의 불의한 억압과 착취에 대한 해방이며, 두 번째는 종교적인 해방, 곧 신비주의다. 다른 하나는 한국의 전통사상과 문화가 기독교 신앙의 수용과 변용에 있어서 어떤 역할을 해왔는가에 대한 고찰이다.(기독교의 한국적 수용!!)

저자는 기독교가 한국에 전래되면서 불가피하게 한국전통문화와 만날 수밖에 없었다고 보고, 특히 종교다원주의적인 상황 속에서 이뤄지는 상호간의 관계형성에 강한 영향력을 행사한 틀은 전통종교의 신비주의적인 요소일 것이라고 추측한다.

이러한 추측을 확인하기 위해 저자는 몇 가지 사례를 드는데, 첫째, 최길성의 무속연구에 근거해 "기독교의 한국적 수용에 있어서 한국민족의 종교 신앙인 무속의 신앙구조가 기독교 신앙을 받아들일 때 일정한 역할을 했을 것"이라고 말한다.

둘째, 한국 기독교의 특징적인 현상인 부흥회를 '열광적인 집단최면현상'으로 규정하면서 이것이 "한국의 전통적인 무속신앙과 관련이 있다."고 본다.

셋째, 이용도 목사를 비롯한 극단적인 신비주의자들에게
서 무속적인 신비주의의 영향을 추정한다.

이상과 같은 세 가지 분석을 통한 확인 작업을 통해 저
자는 한국 기독교는 선교초기부터 '무속적 민간신앙의 특징'
('현세적 구원', 지상천국 건설을 지향하는 '종말론적인 가치
관', '강신개념과 비슷한 신비주의 혹은 신비주의적 예수 이
해')을 보였다고 주장한다. 그리고 이것은 기독교의 한국적
수용에 있어서 한국의 전통 종교문화의 영향을 보여주는 것
이라고 한다.

두 번째 틀을 탐색하면서 저자는 기독교의 한국 전통문
화 수용에 있어서 특별한 수용과정에 주목한다. 다시 말해서
수용과정을 탐구하면서 간과되어서는 안 될 것으로 저자는
한국에서의 기독교 전래과정이 다른 나라의 과정과 전혀 달
랐다는 점을 지적한다. 다시 말해서 기독교의 한국 전래는
조선사회의 내적 요구('민중의 위기의식과 사회적 불안', '유
교의 신분윤리의 왜곡이나 인성의 역행')와 한국인들의 종교
적 갈급함('종교적 고갈상태', '종교적 공백상태')으로 인해 적
극적으로 수용하게 되었다는 것이다. 그 결과 기독교는 당시
정치 사회 및 종교문화적인 수요에 맞게 전달될 수밖에 없었
다는 것인데, 저자는 기독교가 "내세관이 뚜렷하고 사회적의
설이 농축되어 있다."는 사실을 통해 확인될 수 있다고 본다.
이렇게 볼 경우, 기독교의 한국 전통문화 수용은 한국인의
수요에 맞춰 복음을 전하려는 노력의 결과로 이뤄진 셈이다.
다시 말해서 시대적인 요구에 부응하려는 취지에서, 그리고
궁극적으로는 그들을 얻기 위해 기독교가 당연히 전통문화에
의해 영향을 받게 된다는 것이다. 부정적이든 긍정적이든 당

시의 한국인의 종교적인 심성은 전통문화 속에서 형성된 것이기 때문이다.

특히 저자의 연구방법과 과제인식을 결정하는 데 중요한 단서는 종교의 수용과정이 '대치'가 아닌 '축적'을 통해 이뤄진다는 것이다. 이는 토마스 쿤이 벗어나려고 했던 과학사적인 진술, 곧 과학사의 발전은 지식의 축적을 통해 이뤄진다는 견해를 생각나게 한다. 축적이라는 의미를 더 이상 상술하고 있지 않아 자세한 이해는 쉽지 않지만, 저자의 견해에 따르면 이질적인 문화의 상호 배척이 아니라 상호 수용을 의미하는 것이라 생각된다. 이러한 생각에 근거해서 저자는 한국 기독교 역시 축적의 형태로 수용되었다고 보고, 또한 한국 기독교 문화 역시 한국 전통종교의 축적을 배제하지 않을 때 발전할 수 있다고 전망한다. 이것은 저자가 단군신화 속에 함축된 전통사상을 계승한 종교로서 한국 신흥종교들에 대해 비교적 긴 소개를 마다하지 않게 된 중요한 이유라고 평가되는데, 이것은 한국의 신흥종교들 역시 한국 기독교가 축적의 한 요소로 받아들여야 한다는 주장을 의미하는가?

4.

저자가 한국의 신흥종교 연구를 통해 확인할 수 있었던 것은 크게 세 가지다. 첫째는 단군신화에 내포된 사상을 종교로 승화시켰다는 것이고, 둘째는 정치적인 이데올로기로서의 성격이 퇴색된 후에 종교적이고 신앙적인 성격이 나타나게 되었다는 것이며. 셋째는 한국의 민중전통을 형성하는 것은 정치신학적인 것만도 아니고 또한 종교문화적인 것만도 아니라 두 가지 모두였다는 것이다.

저자에게 있어서 한국의 신흥종교가 갖는 의미는 다음 세 가지로 요약될 수 있다. 첫째, 한국 전통사상의 핵심을 계승하고 있다는 것이고, 둘째, 기독교를 수용하는 당대의 한국인의 수요가 무엇인지를 파악할 수 있게 한다는 것이며, 셋째, 한국 기독교가 정치신학적인 측면과 종교문화적인 측면 모두를 포괄해야만 하는 당위성을 제공하는 중요한 단서를 제공해 주는 것이다.

결국 '한국교회의 전통문화 수용에 관한 연구'에서 저자는 당시 시대적인 정황으로 인해 민중의 정치 사회적(국가적인 위기의식)이고도 종교문화적인(한국 전통종교의 신비주의적인 요소) 기대가 한국교회의 정체성 형성과 발전에 지대한 영향력을 행사했다고 본다. 이로 인해 기독교는 더욱 더 뚜렷한 내세관을 갖게 되었으며, 또한 당시 기독교는 적극적인 수용과정을 거칠 수 있게 되었다고 주장한다. 이러한 주장에 근거해서 저자는 한국교회는 한국의 전통문화와의 만남 속에서, 곧 다원주의적인 종교경험 속에서 새로운 종교경험으로서 자신을 주장하며, 시대에 부응하지 못하면서도 전통이라는 이름으로 주장되어 구속력을 행사하고 있는 것으로부터 한국민족을 해방시키고 참 생명의 문화를 창조해 내는 것을 신학의 과제로 인식한다.

이 과제를 이행하기 위해 저자는 한국적인 신학을 주장한 신학자들(안병무, 김경재, 유동식, 현영학)의 견해에 근거해서 한국 전통문화 수용과 현대 과학적인 지식의 수용을 주저하거나 두려워해서는 안 된다는 것을 환기시킨다.

5.

본 논문의 성과는 한편으로는 기독교가 한국 전통문화의 어떤 점들을 수용해야 할 것인지, 그리고 어떠한 관점에서 수용해야 할 것인지를 지적한 것이다. 그러나 다른 한편으로 아쉬운 점은 한국전통문화의 핵심이 한국신흥종교들에 의해 수용되었다는 사실 확인에 주력했다는 인상을 준다는 것이다. 이는 한국교회가 전통문화의 무엇을 수용해야 할 것인지를 말하기 위한 의도에서 비롯된 결과라고 생각한다 하더라도, 논문의 주제가 의도하는 바에서 크게 벗어난 것이라고 생각한다. 본 학술모임에서 기대하는 바는 그 동안의 수용 및 그 과정을 밝혀보려는 것은 아니었을까? 본 논문은 주제에 해당되는 한국교회의 전통문화 수용에 대해서는 세부적으로 언급할 여력을 얻지 못하고 단지 미래의 과제만을 제시하는 것으로 마무리 하고 있을 뿐이었다.

본 논문이 전제하고 있으면서도 구체적으로 논구되지 않아 논란의 여지가 많은 것이 있다면 아마도 전통문화의 핵심을 단군신화에서 찾은 것이라 생각한다. 문화를 삶과 떨어질 수 없는 것으로 말하면서도 왜 유교와 불교의 영향 하에 형성된 문화는 철저히 배제된 것일까? 단군신화는 민족의 원형으로서 삶보다는 오히려 이상의 표현은 아닐까? 그렇다면 그것은 실천된 삶을 통한 문화라기보다는 오히려 이상적인 의미에서의 문화가 아닐까? 그것은 전통이라는 이름을 붙이지 않는다 해도 기독교 안에서 얼마든지 찾을 수 있는 일이고, 또한 그런 점들을 강조해왔다. 그러므로 한국신흥종교가 한국전통문화를 전승한 대표적인 형태로 소개되는 것에 의문을 제기하지 않을 수 없게 된다.

　또 다른 의문은 문화의 발전을 '축적'이라는 개념으로 설명하고 있는데, 이는 토마스 쿤의 과학사 연구에 비추어볼 때 어느 정도 타당한 일인가? 자세한 설명이 없어 알 수는 없지만 분명한 것은 생성과 발전, 그리고 소멸이라는 과정을 겪는 문화의 생리를 생각해볼 때, 축적은 적어도 단순하게만 이뤄지지 않는다는 것은 확실하다. 단순 축적이 있는가 하면, 복합적이고 변증법적이며 또한 변혁적인 과정을 거치는 축적도 있기 때문이다.

한국교회의 선교와 대중문화

최형근 교수 • 서울신학대학교

1. 들어가는 글

오늘날 모더니즘과 포스트모더니즘의 영향이 혼재한 가운데, 이 두 사상의 영향을 받아 고도로 정교하게 발전을 거듭하고 있는 대중문화는 우리의 삶을 결정하고 세계관 형성에 영향을 미치는 중요한 문화적 현상이다. 이성과 합리성에 근거한 사실적이며 보편적 원리를 입증하고자 하는 모더니즘의 시도가 실패로 돌아가면서, 기독교의 진리의 터전은 포스트모더니즘의 상대주의 속으로 함몰되어가고 있다. 즉 기독교의 진리와 거대담론(meta narrative)과 같은 실재들은 대중문화가 제공하는 사이버 공간 속에서 구성되는 다양한 형태들 가운데 의미의 소멸을 초래하고 있다. 대중문화가 제공하는 가상현실은 모더니즘이 제공했던 과학적 사실을 대체할 뿐 아니라, 기독교의 절대적 진리도 상대적인 것으로 대체하고 있다.

　이러한 상황 가운데서 교회의 선교는 어떤 의미를 갖고 있으며, 어떻게 문화적 흐름에 반응할 것인가? 한국교회에 전해진 복음을 오늘날의 선교적인 상황에서 해석하려면 성경에 충실하면서도 시대의 징조와 문화적 흐름을 읽는 탁월한 해석학적 안목을 필요로 한다. 성경이 제시하는 하나님의 계시의 실재를 보다 깊이 이해하고 해석해 나가는 작업은 변화하는 문화적 상황에 대처하는 최상의 방식이며, 부상하는 세대들에게 복음을 전달하기 위한 확고한 기초를 제공한다. 복음에 대한 확고한 이해와 복음을 살아내려는 결단은 교회로 하여금 복음의 능력을 드러내고 확산시켜 교회의 본질을 확고하게 규정하게 만들고 세속화되어가는 이 시대의 지배문화(dominant culture)에 대응해 나가는 방식을 제시해 준다.

　오늘날 한국교회는 122년이라는 짧은 선교역사를 통해 공전의 부흥과 발전을 이루었다. 특히 그 선교적 위상은 14,000명 이상의 선교사를 보유한 세계 2위의 선교사 파송국으로 부상하였다. 그러나 대다수의 사람들이 우려하는 바와 같이, 오늘날 교회의 모습이 성경이 제시하고 있는 모습과는 다른 방향으로 나가고 있다는 사실이다. 쾌락을 탐닉하는 세속화와 물질만능주의와 신이교주의의 발흥으로 인한 서구교회의 몰락의 원인들을 고찰해 볼 때, 한국교회가 처한 상황도 그와 크게 다르지 않다고 볼 수 있다. 교회가 복음과 불가분의 상호관계 가운데서 해석학적 공동체로 거듭나지 않는다면 한국교회의 미래는 암담하다 할 것이다. 교회는 복음의 해석을 통해 문화와의 대면을 시도하고 문화를 변혁하는 세계관적 기초를 형성해 나갈 수 있다. 교회가 복음과 문화와의 대면 가운데 중재적인 역할을 감당할 때, 복음과 문화는 구속적 변혁의 관계를 형성해 나갈 수 있게 될 것이다.

교회는 삼위일체 하나님에 의해 부름 받고 보내심을 받은 선교적 공동체이다. 교회는 하나님이 창조하신 이 세상을 회복하기 위해 하나님의 언약 공동체로서 순례하는 백성들의 공동체이며 그리스도의 몸이다. 교회가 선교사로 부름을 받고 파송을 받았다는 것은 이 세상의 문화 가운데서 예수 그리스도의 복음을 전파하며 살아내는 것을 의미한다. 즉 오늘날 교회의 선교적 접근은, 어떻게 불변하는 복음을 변화하는 문화적 상황 가운데서 그 영향을 받고 있는 사람들에게 효과적으로 전달하여 이해하게 하고 회심으로 이끌 것인가에 관한 것이다.

본 논문에서는 대중문화에 대한 다양한 논의들에 대해서는 언급하지 않을 것이다. 다만, 대중문화에 대한 이론적인 논의들이 제기한 내용들을 살펴보고 레슬리 뉴비긴의 복음과 교회와 문화의 삼중모델을 통해 한국교회의 대중문화에 대한 복음의 상황화를 제안하고자 한다.

Ⅱ. 복음, 교회 그리고 문화: 레슬리 뉴비긴의 모델

한국교회가 직면한 위기는 교회가 정치, 경제, 문화의 공적 영역에서 그 기능을 다하지 못하는 데서 찾을 수 있다. 이 위기는 교회의 삶의 모든 영역에서 발견된다. 복음의 본질에 충실한 교회는 변화하는 문화적 상황 가운데서 복음에 대한 특수한 표현을 구체화 하는 교회이다. 만일 교회가 문

화와 상관성을 갖지 못한다면, 교회는 하부문화적인 게토
(ghetto)가 될 것이다, 다른 한편, 교회가 지배문화의 가치들
이나 세계관에 의해 너무 깊은 영향을 받는다면, 복음을 축
소하고 문화에 의해 길들여지는 결과를 초래할 것이다.177) 오
늘날 한국교회가 대면하는 지배문화는 기독교가 제시하는 윤
리적 근거를 벗어나 미디어와 전자 텍스트를 통해 심미적인
공간을 창조하는 대중문화178)라고 볼 수 있다. 따라서 우리는
대중문화에 대한 이해와 분석, 그리고 성경적 세계관에 근거
한 비판적 평가를 통해 교회가 나아갈 방향을 찾아야 할 것
이다. 이러한 측면에서 한국교회는 대중문화와의 선교적 대
화를 위한 적절한 모델을 찾아야 할 것이다. 여기서 우리는
복음과 문화 사이에 있는 교회가 성경의 '타당성 구
조'(plausibility structure)를 발견할 수 있는 방법을 제시했던
레슬리 뉴비긴(Lesslie Newbigin)의 모델을 살펴보고자 한다.

뉴비긴은 그의 후기 저술들에서 복음과 교회와 문화의
관계에 초점을 두고 그의 선교적 교회론을 전개해 나갔다.
그가 주장하는 서구교회의 선교 상황은 헬라의 이원론적 세
계관과 히브리 세계관의 갈등과 긴장으로 나타난 것이었다.
그는 교회가 계몽주의적인 합리주의의 이원론에 복음의 공적
인 영역을 내어주므로 겪게 되었던 교회의 본질적인 위기를
다음과 같이 역설하고 있다.

---

177) George R. Hunsberger and Craig Van Gelder eds., *Church Between Gospel and Culture: The Emerging Mission in North America*, (Grand Rapids, MI: Eerdmans, 1996), xvi.

178) 신국원, 『변혁과 샬롬의 대중문화론: 기독교적 문화이해와 비평』, (서울: IVP, 2004) 참조.

"서구 기독교는 종교개혁을 모든 교회에 파급시키려고 했었던 종교개혁의 실패로 분열되어 있었다. 개신교회는 계몽주의 운동의 가정에 의해 공적 영역이 지배되는 것을 수락하고 개인적 영역으로 후퇴함으로써 살아남게 되었다고 말할 수 있다. 대부분의 사람들에게 기독교 신앙은 공적인 정치, 경제 세계와는 전적으로 구분되는 개인적, 가정적 문제가 되었다. 성서는 더 이상 세계 역사를 이해하는 틀을 제공해 주지 못했다. 서구교회는 현실에 대한 전혀 다른 비전에 의하여 그 공적 생활이 지배되는 문화 속에서 하나의 사적인 영역으로 좌천되는 운명을 감수하며, 심지어는 인정된 특권을 누리는 소수로 너무나 오랫동안 살아왔으므로 '현대 서구 문명' 일반에 대해서도 교회는 그 다른 비전에 대해서 강한 도전을 제시할 힘을 거의 잃고 있다."179)

뉴비긴은 성경적 세계관에 근거한 하나님 왕국의 비전에 의해 형성된 문화가 아니라 계몽주의적 이원론적 세계관에 의해 형성된 문화가 복음과 접촉하게 될 때, 그 문화에 도전하고 대응하는 방법들을 제시하려고 노력했다. 즉, 교회의 선교적인 문제에 있어서 기독교의 복음과 현대 문화 사이에 제시되는 대화의 형태가 무엇인가를 찾아내려고 노력했다. 헌스버거(George R. Hunsberger)는 아래의 도표에서 뉴비긴의 선교적 교회론을 복음과 문화와 교회의 삼중모델로 설명한다.

---

179) 레슬리 뉴비긴, 『서구 기독교의 위기(The Other Side of 1984)』, 서정운 역, (서울: 대한기독교서회, 1987), 34-35.

복음: 문화에 대한 '도전적 상관성'

　　　교회와 함께하는 '해석학적 순환'

문화: 복음과의 철저한 불연속성

　　　교회에 대한 철저한 독립성

교회: 교회의 삶의 근거 제공, 기독교 전통 고수

　　　다양한 문화들과의 선교적 대화

도표 1. 복음과 문화의 삼중모델180)

　　첫째, 복음과 문화의 만남은 회심과 연관된 가장 본질적인 차원을 나타낸다. 이것은 후기 계몽주의 문화의 선교적 문제에 대한 질문과 연관된다. 이 문제에 대한 그의 근본적인 전제는 문화 중립적(culture-free)인 복음은 있을 수 없으나, 문화적으로 제약된 형태로 구체화된 복음은 모든 문화에

---

180) George R. Hunsberger, *Bearing the Witness of the Spirit: Lesslie Newbigin's Theology of Cultural Plurality* (Grand Rapids, MI: Eerdmans, 1998), 238.

문제를 제기하는 것이다.181) 바울의 회심사건은 뉴비긴에게 복음과 문화의 만남의 역동성에 대한 설명을 제공해 준다. 그것은 교회의 선교가 수용자 문화의 언어로 이루어져야 하고, 진정한 복음의 커뮤니케이션은 철저한 회심(*metanoia*)을 요구하며, 이러한 철저한 변화는 초자연적인 하나님의 사역이라는 것이다.182)

복음과 복음의 의사소통은 모든 문화에 대하여 '도전적 상관성'(challenging relevance)을 제시한다. 여기서 상관적이란 복음이 문화 가운데 전달되기 위해서는 복음을 듣는 사람들의 언어와 문화 가운데 육화되어야 한다는 의미이다. 또한 도전적이란, 예수 그리스도 자신이 역사와 문화 가운데서 '온전한 사실'(total fact)이며 성령의 능력 가운데 문화의 모든 양상들을 개방하고 변혁하는 분으로 제시된다는 의미이다.

복음의 도전 없는 문화적 구체화는 타협이나 혼합주의로 귀결되는 위험을 안고 있으며, 문화적인 구체화 없는 도전은, 복음이 문화와 비상관적인 것으로 제시됨을 의미한다. 복음과 문화 간의 이러한 만남은 문화에 대한 교회의 사고방식에 근본적 패러다임의 변화를 촉진시킨다. 이것이 바로 복음에 대한 문화의 회심, 혹은 문화의 구속적 양상이라고 볼 수 있다. 이러한 의미에서 회심은 복음을 수용하고 새로운 방향으로 돌이키는 철저한 불연속성(radical discontinuity)을 의미한다. 교회는 복음을 자신들의 문화와 언어로 번역하고 해석하여 전하는 과정 가운데서 많은 위험 내지는 혼합주의(syncretism)에 노출되었다는 것을 인정해야 한다. 이러한 관

---

181) Ibid.
182) Ibid., 5-6.

점에서 뉴비긴은 서구문화의 세속화와 이교화를 지적하며 복음에 대한 재발견을 주장하고 있다.

이러한 복음과 문화에 대한 접근은 상황화 신학의 한 모델을 보여주고 있다. 복음의 도전적 상관성은 복음이 문화에 대해 너무 이국적이거나 너무 낭만적으로 혼합되는 것을 거부하고 비판적인 관점을 견지하는 것으로 나타나야 된다. 이 모델에서 성령은 회심자의 마음에 궁극적인 헌신을 부여함으로 그의 문화와 '철저한 불연속성'(radical discontinuity)을 만들어 낸다. 여기서 선교사의 역할은 이차적인 것으로서, 회심자가 선교사의 문화를 무비판적으로 수용하는 것을 묵과해서는 안 된다. 선교는 복음의 시녀로서 역할을 감당해야 한다. 문화에 대한 복음의 도전으로 말미암은 문화변혁은 교회의 선교의 중심과제이다. 그러나 문화에 대한 복음의 도전적인 비판과 변혁적인 관점은 수용자의 문화를 무시하거나 모두 악하다고 보는 것이 아니라, 그 문화에 내재해 있는 선한 가치들을 드러낸다.183)

둘째, 복음과 문화의 만남은 진공상태에서 일어나는 것이 아니다. 비록 회심이 성령의 초자연적인 역사로 일어나기는 하지만, 성령은 회심을 문화적으로 제한된 사건들 밖에서 일으키지 않는다. 이 만남 가운데서 복음을 표현하는 교회는 회심을 통해 선교적 삶을 살아가는 것이다. 복음과 문화의 만남은 선교적 공동체와 선교지 공동체(예를 들면, 대중문화에 의해 깊이 영향을 받은 세대들) 간의 복합적인 만남 가운데서 일어난다.184) 선교적 공동체인 교회와 선교지 공동체 간

---

183) George R. Hunsberger, *Bearing the Witness of the Spirit: Lesslie Newbigin's Theology of Cultural Plurality*, 239-241.

의 만남이 이루어지는 선교적 대화에서 우리는 복음과 문화
와 교회의 삼중구조를 발견하게 된다.

뉴비긴은 선교적 공동체는 '성경의 백성들'이며, 성경은
공동체의 책으로 우리에게 전해진 것이다. 그러나 이것은 성
경이나 공동체 어느 한쪽으로만 적당하게 이해될 수 없고 상
호보완적인 관계 속에서 이해되어진다고 주장한다.185) 즉, 오
늘날의 교회 공동체는 성경이 말하는 것에 주의하면서 형성되
어 왔다. 그리고 성경을 이해하는 방식은 기독교 전통에 의존
한다. 그러나 그 전통은 오늘날의 공동체가 처한 문화적 상황
에서 성경을 이해하기 위해 계속적으로 수정된다. 이것이 신
앙의 공동체 안에서 작용하는 해석학적 순환이다.186) 이러한
복음과 선교적 공동체의 상호관계는 복음과 문화의 만남을 위
해 교회에게 매우 중요한 위치를 부여한다. 그는 성경의 권위
와 선교적 공동체의 관계를 다음과 같이 규명한다.

성경은 공적인 일이나 사적인 일에 있어서 삶의 전부를
바치는 능동적인 제자의 신분으로 믿음과 순종의 행위를 하
는 공동체 안에서 그 권위의 기능을 갖는다. 성경과 전통은
상호보완적인 관계로 발전했다. 그리고 그 발전은 단순히 지
능의 발전이 아니라, 온전한 예배적인 삶이며 새로운 세계와
문화라는 변화하는 환경 속에서 제자로서의 삶을 사는 것이
다.187)

이러한 의미에서 선교적 공동체와 문화와의 대화는 단순

---

184) Lesslie Newbigin, *Foolishness to the Greeks: The Gospel and Western Culture*, 42.

185) Ibid. 55.

186) Ibid. 55-56.

187) Ibid. 58.

히 문화간의 대화가 아니다. 그것은 복음과 교회와 문화의
관계를 발전시켜 나가는 과정 가운데서 독립적인 요소로서
성경의 역할(성경적 세계관)을 깨닫는 것이다.

셋째, 교회와 문화의 선교적 대화는 새로운 문화 내에서
회심을 일으키는 성령의 주권적인 증거의 빛 가운데서 일어
난다. 이러한 회심의 형태는 교회가 문화와의 타협을 통해
일어나는 것이 아니다. 회심은 새로운 문화의 사람들을 성경
과의 상호관계로 이끌어 들여 예수 그리스도의 십자가와 부
활에 참여하고 증거 하는 증인과 제자의 삶을 살도록 강권한
다. 교회의 선교적 대화는 성령의 초자연적인 회심 사역을
인정하고 기대한다. 따라서 선교적 교회는 다원화된 문화들
과의 개방적인 대화 가운데 복음의 해석과 전파를 통해 그
삶에 활력을 얻는다. 그런데 문화에 대한 교회의 선교적 증
거는 교회가 속한 문화와의 대화와 더불어 타문화와의 대화
를 항상 포함하는 쌍방향의 대화이다.188)

뉴비긴의 선교적 교회론의 핵심은 교회의 선교적 행위가
세속화되어가는 문화에 대해 철저하고 확고한 복음의 도전을
하는 것이다. 베반스(Stephen B. Bevans)는 뉴비긴의 상황화
모델을 대항 문화적 모델(countercultural model)189)로 명명한
다. 이 모델은 인간과 모든 신학적 표현은 역사적, 문화적으
로 제한된 상황 안에 존재한다는 전제를 갖고 있다. 또한 이

---

188) George R. Hunsberger, *Bearing the Witness of the Spirit: Lesslie Newbigin's Theology of Cultural Plurality*, 270. 대중문화를 다룬다는 관점에서, 교회가 속한 문화는 교회가 전통적으로 견지해 왔던 문화를 의미하며, 타문화는 오늘날 한국사회에서 대중문화의 깊은 영향을 받으며 부상하는 세대들이라고 볼 수 있을 것이다.

189) 이 모델은 리처드 니이버가 제시한 "문화에 대립하는 그리스도"의 모델이 아니라, "문화를 변혁하는 그리스도"의 모델과 더 가깝다. 리처드 니버, 『그리스도와 문화』, 김재준 역, (서울: 대한기독교서회, 1986) 참조.

모델은 최상의 심각성을 갖고 상황을 다루면서 동시에 그 상황이 항상 의구심의 대상이 된다는 사실을 직시한다. 따라서 복음이 문화적 상황 가운데 참된 뿌리를 내리고 있다면, 그 상황에 도전하고 정화하며 변혁해야만 한다.190) 베반스는 대항문화 모델이 세상에 대해 대항적이고 예언자적 관점을 갖는다는 측면에서 성경과 전통을 중요시 여긴다는 것을 지적하며, 이 모델의 다른 이름으로는 예언자적 모델(prophetic model), 대조사회 모델(contrast society model), 고백적 모델(confessional model)이라고 부른다.191) 이 모델의 전제는 인간의 상황에 대한 철저한 모호성과 불충분성, 문화에 대한 복음의 도전적이고 비판적인 기능, 서구사회가 담고 있는 신이교적인 문화적 상황의 증거들, 그리고 교회 안에서 복음의 성육화를 통한 복음과 문화와의 대면이다.192) 이러한 전제들은 회심을 통해 삶의 변혁을 추구하는 선교적 교회가 자신을 '대안 공동체'(alternative community)로 인식하고 물질주의, 개인주의, 소비주의, 세속주의, 그리고 상대주의로 가득 차 있는 상황에 도전하는 대항문화적인 삶을 살아나갈 수 있는 지침을 제공해 준다. 한국교회가 복음에 충실하고 문화와 문화변화에 민감한 선교적 본질을 갖고 있다면, 대중문화를 매우 진지하게 다루어야 할 이유가 여기에 있다.

---

190) Stephen B. Bevans, *Models of Contextual Theology*. Revised and Expanded Edition (Maryknoll, NY: Orbis Books, 2002), 117.

191) Ibid. 119.

192) Ibid. 120-122.

Ⅲ. 교회의 선교를 위한 상황화 시도로서 대중문화 이해와 접근

교회는 문화적 상황 가운데서 그 선교적 사명을 감당해야 한다. 따라서 교회의 사명은 그 상황에 대한 비판적인 분석과 더불어 그 상황에 대한 책임을 감지해야만 한다.[193] 오늘날 한국교회가 한국문화에 대해 말한다는 것은 그 문화에 '대해' 선교를 말하는 것이다. 교회의 선교는 한 사회의 구성원들이 형성하는 문화, 그리고 그 문화에 의해 형성된 구성원들이 지향하는 방향성에 대한 복음적인 비판적 성찰과 도전을 의미한다. 오늘날 성경적 가치들과 세계관을 상실한 채 부유하고 있는 한국교회는 다시 한 번 성경적 세계관을 육화시킬 사회적 역동성과 갱신의 활력을 갖춘 대안 공동체와 대항문화가 되어야 한다.

뉴비긴은 "우리의 현재의 모습은 우리의 문화가 빚어낸 결과이다. 즉 기독교는 우리 문화의 일부이다. 우리는 성경을 우리의 언어로 읽으며, 우리의 언어로 된 성경은 우리의 과거 문화적 경험으로부터 발생하는 공명으로 가득 차 있다."[194]라고 말한다. 우리는 오늘날 한국사회와 교회를 지배하고 있는 지배문화가 어떠한 형태로 나타나고 있는지, 그리고 어떻게 우리가 그 지배문화에 길들여지고 있는지를 분석해 보아야 한다. 즉 오늘날 우리 사회를 지배하고 있는 대중문화의 속성들이 어떻게 형성되어가고 있고, 한국교회가 그러한 문화적 속성들에 어떻게 타협하고 동화되는지, 그리고 그러한 문

---

193) George R. Hunsberger and Craig Van Gelder eds., *Church Between Gospel and Culture: The Emerging Mission in North America*, 285.

194) 레슬리 뉴비긴, 『다원주의 사회에서의 복음』, 허성식 역, (서울: IVP, 1998), 315.

화적 가치들이 한국교회에 어떠한 영향을 미치고 있는지를
살펴보아야 되는데, 이것은 한국교회의 선교적 본질 회복과
갱신을 위한 귀한 초석이 된다.

　대중문화의 특징들을 살펴보기 전에, 문화를 정의하는
것은 우리가 살아가고 있는 세계가 어떻게 구성되어 있는가
를 깨닫게 되는 중요한 일이다. 일반적으로 문화는 형식들과
관념들(ideas)로 이루어졌다고 볼 수 있다. 문화는 인간 행동
과 관념들에 의해서 학습되고 습득된 형태를 띠고 있으며 특
정 사회가 공유하고 있는 삶의 방식들과 특성들을 담고 있다.
문화인류학적인 관점에서, 문화의 다양성과 독특성은 어떤
문화가 다른 문화보다 우월하거나 열등하다는 서구적인 전제
에 도전을 제기하는 문화상대주의(cultural relativism)를 낳게
되었다. 또한 문화는 정체되어 있는 것이 아니라 끊임없이
변화해 나간다. 문화가 변화한다는 사실은 그 문화 속에 살
고 있는 사회의 구성원들이 갖고 있는 세계관과 가치관의 변
화에 기인하는 것이다. 세계관은 문화의 핵심으로 그 성격상
종교적이라고 볼 수 있다.195) 종교적인 신념이 문화의 일부라
는 주장은 일반적인 관점에서는 타당성이 있을 수도 있다.
그러나 기독교적인 관점에서 세계관의 문제를 다루기 위한
전제는, 모든 문화가 하나님의 창조의 목적을 담고 있으나
인간의 타락으로 인하여 문화가 오염되었고 오염된 문화는
하나님을 대적하는 종교적 성향을 띠게 되었기 때문에 인간
의 다양한 문화의 근저에 위치한 세계관은 종교적 성격을 띤
다는 것이다. 문화의 종교적 성격은 모든 문화가 가치중립적

---

195) 신국원, 『신국원의 문화 이야기: 문화전쟁 시대의 기독교 문화 전략』, (서울: IVP,
　　2002), 76.

인 것이 아니라 하나님의 창조의 목적을 회복하고자 하는 선한 목적을 따르는 것이 아니면 타락한 세상의 가치들을 추종하며 하나님의 왕국의 가치들과 대립하는 성향을 띠게 된다.

이러한 의미에서, 위에서 언급한 뉴비긴의 복음과 문화의 도전적 상관성은 오늘날 한국문화의 지배적인 형태로 자리 잡고 있는 대중문화의 세계관을 분석하기 위한 유용한 도구가 될 수 있다. 기독교 선교는 항상 문화와의 만남을 통해 이루어진다. 문화와의 대면을 통해 복음은 항상 문화의 악함에 대해 도전을 제기하고 문화의 선함을 구별해 내는 기독교적 세계관의 초석을 제공한다. 따라서 복음은 문화를 구속하고 변혁하는 근본적 동인이다. 복음과의 해석학적 순환을 통해 복음의 의미를 깨닫고 복음을 살아나가는 대항 문화적 공동체인 교회는 문화와 긴장관계를 가지면서 대화에 임하게 된다. 그러나 문화와의 대화의 진정한 목적은 교회가 대화의 상대인 문화에 흡수되거나 복음을 축소하는 것이 아니라, 문화가 갖고 있는 타락한 죄의 속성들을 찾아내어 변혁하는 변화의 대행자로서의 역할을 하는 것이다. 즉, 교회의 역할은 문화의 선함을 찾아내어 교회의 삶에 적용하고 문화의 악함과 비성경적인 양상들을 찾아내어 비판하고 개혁하는 대안 공동체로서의 역할을 해야만 한다.

복음이 문화적인 상황에서 바르게 전달되는 과정에서 교회는 복음과 문화 양자에 대한 정확한 해석과 진단을 필요로 하는 공동체이다. 복음의 의미는 늘 불변하는 것이지만, 복음을 이해하는 교회의 방식은 시대와 상황에 따라 새로운 모습을 띠었다. 사실 복음을 다른 언어로 번역하고 해석하는 일을 하는 해석학적 공동체로서의 교회는 하나님의 나라의 대리인이다. 그러나 한 가지 분명하게 짚고 넘어가야 할 것은, 교회는 이 세상의 문화와 대면하여 늘 타협하기 쉬운 연약함 (vulnerability)을 갖고 있다는 것이다. 복음의 증인들은 복음과 세상 간의 갈등과 긴장 가운데서 살아간다. 교회가 복음을 문화적 상황에 적응시키는 것은 신실한 증거를 위해서는 반드시 필요한 일이다. 복음의 메시지는 문화적인 형식에 담을 수밖에 없으며(고후 4:7), 그 과정 가운데 복음에 대한 축소는 피할 수 없다. 교회가 세상에 더욱 관심을 기울이게 될 때, 복음을 자기의 통제 하에 두려는 욕망을 쉽게 떨쳐버리지 못하는 경향을 보인다. 이 과정에서 교회는 자신이 다루기 쉽고 통제하기 쉬운 영역으로 복음을 축소(reduce)하거나 재단하는 오류를 범하게 된다.[196] 구더(Darrell Guder)는 "인간적 증인으로서 우리가 복음을 축소시킨다는 사실을 스스로 인식하지 못할 때, 축소주의는 효력을 발휘한다."고 주장한다.[197] 따라서 교회는 문화와의 대면 가운데 자신의 문화와 선교의 대상이 되는 문화 모두에 대해 비판적이어야 한다. 복음의 상황화는 두 요소를 포함하고 있다. 먼저 복음은 문화 가운데서 상황화 되어야 하며, 복음과의 해석학적인 순환을 이루고 있는 교회는 하나님의 왕국의 가치관에 비추어 자신을 늘 돌아보아야 한다.

---

196) 대럴 구더, 「교회의 선교적 사명에 대한 신선한 통찰」, 조범연 역, (서울: 미션툴, 2005), 177-178.
197) Ibid. 183.

대중문화의 실재 이해: 비판적 실재론

위에서 언급한 뉴비긴의 모델을 대중문화 분석에 이용할 경우, 대중문화에 대한 무조건적인 비판은 복음과 문화의 양방향 소통을 저해하게 되며, 교회가 문화에 대립하는 양상을 띠게 된다. 또한 대중문화에 대한 무비판적인 수용은 복음이 문화와 혼합될 소지가 있고 교회는 지배문화에 포로가 될 위험성이 다분히 상존한다고 볼 수 있다. 포스트모던 상대주의에 근거한 대중문화의 세계관을 극복하고 개혁적이고 갱신적인 입장에서 대중문화를 수용하여 복음의 상황화를 이루기 위해 교회는 비판적 실재론(critical realism)의 입장에서 대중문화의 양상들을 이해하고 분석할 필요가 있다.

한국교회의 대중문화 수용에 대한 인식의 변천은 서구화(특히 미국화)와 한국경제의 발전, 그리고 민주화 과정과 밀접한 연관성을 갖고 있다고 볼 수 있다. 한국의 대중문화는 획일적인 군사문화와 오락중심의 문화로써 미국과 일본의 대중문화에 대한 모방으로 나타났다. 그러나 한국의 대중문화는 세계화의 물결 가운데 다양한 요소들이 혼재되는 양상을 볼 수 있는데, 특히 한국의 정보기술 산업의 급속한 발전으로 인해 전통문화를 대체하는 대중문화의 확산은 사회 전반뿐 아니라 교회의 삶에도 지대한 영향을 미치고 있다. 물론 전통문화의 세계관과 가치관이 쉽게 사라지지는 않을 것이다. 그러나 부상하는 세대의 대중문화에 대한 무비판적인 수용과 탐닉은 사회문화적 아노미 현상을 부추길 뿐 아니라, 교회의 삶에도 매우 부정적인 영향을 미치고 있다. 오늘날의 대중문화의 특성들은 모더니즘의 세계관과 포스트모더니즘의

세계관의 영향을 동시에 받았다고 볼 수 있다. 즉 실증주의
적인 세계관과 실용주의적인 개념 도구설이 주장하는 세계관
의 영향을 받아 기독교 진리를 사적인 영역으로 후퇴시켰을
뿐 아니라, 진리를 상대화하여 인간의 삶을 공허하게 만들고
영적 상실감을 메우기 위해 육신의 쾌락과 오락을 통한 감각
적인 만족감만을 부추기고 있다.

　　대중문화의 저변에 흐르고 있는 세계관에 대한 분석을
통해 우리는 기독교 진리의 인식론적인 우위성을 주장할 뿐
아니라, 궁극적 실재를 볼 수 있는 확고한 신학적, 철학적 근
거를 확립하고 실천의 장으로 나가야 한다. 기독교 세계관과
대중문화의 세계관은 결국 인식론의 충돌이라고 볼 수 있다.
즉 대중문화의 세계관이 기독교 세계관을 전도시키려는 도전
은 결국 세계관의 전쟁이라는 양상을 띠게 된다. 이러한 도
전에 대해 신국원 교수의 대중문화 이론에 대한 광범위한 연
구는 한국교회로 하여금 성경적 세계관을 다시 회복할 수 있
는 각성의 장을 마련할 뿐 아니라, 대중문화의 순기능적이고
역기능적인 측면들을 자세하게 제시하므로 대중문화변혁의
중요한 모델을 제시하고 있다. 신국원은 대중예술을 현실의
지도로서 현대인의 삶을 해석하고 조직하고 정리하고 평가하
는 기능을 하고 있다고 주장하며, "대중예술의 역할은 교회나
종교가 하는 역할과 비슷하고 그래서 경쟁적일 수밖에 없다"
는 로마노프스키의 주장을 인용한다.[198] 그의 대중문화에 대
한 이해와 비평은 배타적 비판과 수용적 옹호라는 대립적이
고 이원론적인 견해들을 넘어 창조, 타락, 구속이라는 기독교
적 세계관에 근거한 변혁적인 입장을 견지한다. 사실 이러한

---

198) 신국원, 『변혁과 샬롬의 대중문화론: 기독교적 문화이해와 비평』, 53.

접근은 서구문화의 전제인 이원론적인 세계관을 극복하고 하나님의 왕국의 세계관에 근거하여 선교적 교회의 회복을 추구했던 레슬리 뉴비긴의 모델과 많은 점에서 일치한다고 볼 수 있다.

모더니즘이 제시하는 "타당성 구조"는 과학적으로 합리적인 것을 사실로 인정하는 구조로서 실증주의적인 인식론의 토대를 이루는 것이다. 이성에 의해 검증되는 과학적 결과들은 우주의 불변하는 법칙을 형성하면서 주체와 객체, 사실과 가치의 이분법을 형성했다. 실증주의는 모더니즘의 인식론적인 토대를 형성했으며, 객관적인 과학적 실재들에 대해 무비판적인 입장을 취한다. 실증주의는 외부 세계는 실재하며, 인간 이성으로 파악한 과학적 입증은 그 실재에 대한 사진으로 지식과 실재는 동등하다고 주장한다. 이와는 달리, 모더니티의 실증주의적인 인식론에 반발하여 나타난 포스트모던적인 개념 도구주의는 실재에 대한 이해에 있어서 매우 실용주의적이고 개인주의적이며 주관주의적인 인식론을 주장한다. 개념 도구주의는, 외부 세계는 실재하지만 그것에 대한 우리의 지식이 옳은지를 알 수 없으며, 만일 그것이 효과적이라면 우리는 그것을 사용할 수 있다고 주장한다. 포스트실증주의(과학적 개념 도구설)는 모든 지식이 주관적이며 상황에 따라 다르다는 것을 주장한다.[199] 포스트모더니티의 인식론적 조건은 '거대담론'의 증발을 초래했다. 따라서 실재에 대한 우리의 이해는 상대적인 입장을 취할 수밖에 없는 것으로 축소되고 말았다. 포스트모던적 상황에서 객관적인 진리나 객관

---

199) 폴 히버트 『인식론적 전환의 선교학적 의미: 모던/포스트모던 세계에서의 진리의 주장』, 문상철 역, (서울: 한국해외선교회출판부, 2006), 55-56.

적인 신학이란 존재할 수 없으며 유일한 구원의 길인 예수 그리스도의 유일성을 부정하게 되는 종교다원주의의 토양을 제공하게 되었다.200)

　이러한 모더니즘과 포스트모더니즘의 인식론적 토대들은 모두 기독교에 심각한 위협을 가한다는 사실을 망각해서는 안 된다. 모더니티가 과학적 합리성에 근거하여 기독교의 진리를 사적인 것으로 축소했다면, 포스트모더니티는 기독교 진리 자체를 상대화시켜 버린다. 실증주의에 대한 반작용으로 나타난 개념 도구주의는 모더니티의 교만에 대한 반작용으로 나타났지만, 거기에는 주장할 진리가 없으며 세계화의 물결 가운데 부상하는 다양한 전 세계적인 문제들에 대한 해결책을 제시할 근거를 상실했다.

　이에 대해 교회가 취해야 할 인식론적인 근거는 무엇인가? 그것은 복음이 제시하는 타당성 구조(설득력 구조 혹은 개연성 구조)이다. 복음은 우리가 당면한 문제들을 이해하고 분석하며 변혁할 수 있는 모델과 렌즈와 지도를 제공한다. 비록 우리가 궁극적 실재를 명확하게 보거나 이해할 수는 없지만, 우리가 보는 것은 부분적인 것으로 분명한 실재를 보는 것이다. 우리가 아는 지식은 주관적이면서도 객관적이다. 과학이나 신학들은 궁극적인 실재를 파악하기 위한 지도나 모델이다. 지도나 모델을 통해 우리는 절대적 진리에 더 가깝게 다가갈 수 있다.201)

　대중문화에 대한 우리의 이해와 비평은 복음의 조명 가

---

200) 모더니즘과 포스트모더니즘이 제공한 종교다원주의의 토양에 대한 논의는 다음의 글을 참고하라. 크리스 라이트, '그리스도와 다원주의의 모자이크', 윌리암 테일러 편, 『21세기 글로벌 선교학』, 최형근 외 역, (서울: CLC, 2004).

201) Ibid. 56.

운데서 이루어져야만 한다. 왜냐하면 하나님의 계시로서의
성경은 우리로 하여금 실재를 볼 수 있는 렌즈를 제공하기
때문이다. 우리의 성경해석은 사회문화적으로 영향을 받으므
로 부분적으로 실재를 파악하게 된다. 문제는 교회가 어떻게
해석학적 공동체로서 복음과의 순환관계를 긴밀하게 유지할
수 있느냐이다. 교회가 실증주의적인 관점에서 대중문화를
획일적으로 비판하는 것은 대중문화에 침잠해 있는 부상하는
세대들과의 관계단절로 인한 교회의 공동화 현상을 초래할
수 있다. 또한 개념 도구설에 근거한 대중문화에 대한 상대
주의적이고 실용주의적인 접근은 교회가 대중문화가 제시하
는 쾌락과 탐닉의 놀이문화의 포로로 전락하여 교회가 문화
를 변혁하는 것이 아니라, 문화가 교회를 지배할 위험성을
내포하게 된다.

따라서 교회는 복음의 조명 아래 대중문화의 실재를 파
악해야 되는데, 대중문화가 제공하는 문화적 형태들 안에서
복음의 내용을 담아낼 수 있는 구속적인 유비들(redemptive
analogies)을 찾아내야 한다. 즉 교회는 성경적인 세계관에
확고하게 근거하여 대중문화의 부패한 찌꺼기들을 걸러내는
정수기의 역할을 감당해야 하는 것이다. 교회가 갖고 있는
세계관의 안경은 인간 문화의 부정적 영향으로 인해 흐려지
기 때문에 항상 그 안경을 성경적 세계관으로 닦아내는 작업
을 필요로 한다. 하나님의 계시에 대한 우리의 관점이 어두
운 것은 신적 계시의 한계 때문이 아니라, 우리 인간 지식의
한계로 인한 것이다. 신적 계시는 불변하는 것인 반면, 그 계
시에 대한 우리의 이해는 변하기 때문에 교회와 그리스도인
들은 하나님의 왕국의 세계관에 의해 부단히 도전을 받고 회

심을 체험해야 한다. 그것이야말로 문화와의 대면 가운데 이 세상으로 하여금 교회와 그리스도인들이 갖고 있는 본질과 표지들을 진지하게 대면하므로 변혁의 자리로 나아오게 만드는 것이다.

　복음을 대중문화 가운데 상황화 하기 위해서 우리는 복음이 갖고 있는 핵심을 상실하지 말아야 한다. 즉 혼합주의의 위험을 피하기 위해 노력해야만 한다. 대중문화를 수용하는 문제에 있어서 중요한 측면은 대중문화의 다양한 형식이 담고 있는 내용이 형식 자체와 분리되어 복음의 내용을 담아낼 수 있는가이다. 문화적 세계관의 특성들을 고려할 때, 문화적 형식과 내용은 완전히 분리해 낼 수 없는 성격을 지니고 있다. 문화적인 형식과 의미를 명확하게 분리할 경우 대중문화의 형식들에 무비판적으로 기독교 복음의 내용을 담을 소지가 있다. 이러한 적용방법은 대중문화의 형식에 깊이 영향을 받고 있는 세대들의 회심으로 인한 윤리적 행위의 변화를 초래하는데 어려움을 제기하게 될 것이다. 따라서 무비판적으로 대중문화의 형식을 교회의 예배나 삶에 적용할 경우 신앙의 내용이 왜곡되거나 축소될 소지가 다분히 있다. 오늘날의 대중문화가 우리 사회에 지배적인 영향을 끼치고 있는 것을 감안할 때, 복음의 상황화는 대중문화의 장단점을 파악하여 유익한 것은 취하고 해악한 것은 변혁하는 것이다. 이것이 상황화의 과정 가운데서 교회가 혼합주의를 피하고 문화의 회심과 변혁을 이끌어 낼 수 있는 방식이다.

대중문화에 대한 교회의 대응: 변혁과 갱신의 선교적 교회론

교회가 진정으로 선교적 공동체가 되기를 원한다면, 복음에 순종하고 복음에 따라 그 삶의 모습이 형성되어야 한다. 하워드 스나이더(Howard Snyder)는 "교회가 세상의 모든 삶의 영역에서 복음이 제시하는 해방의 힘을 발휘하려면, 성경에서 말하는 대로 하나님나라를 위해 해방되어야 하며, 하나님의 영광과 그의 나라를 먼저 구하지 않으며 그에 부합한 삶을 살지 못하는 교회는 신실성을 잃어버리고 세상과 타협하는 교회이며 부패한 교회일 수밖에 없다."[202]고 강하게 주장한다.

퇴폐적이고 세속적인 그레꼬 로만 문화적 상황 가운데서 신약교회는 당시의 지배문화에 종속된 하위문화가 아니었고, 오히려 그 문화를 변혁하는 대안문화를 형성했다. 이것은 오늘날 한국교회가 본받아야 할 원형적 문화변혁의 모델이다. 오늘날 한국교회가 과연 대안문화로서의 역할을 감당하는지, 아니면 대중문화라는 지배문화에 종속된 하위문화로 전락할 위험에 처해 있는지 살펴보아야 한다. 교회가 하나님나라에 대한 충성보다 이 세상의 세속적 문화에 대해 충성을 요청하는 지배문화에 대항하지 못한다면 종속문화로 밖에 기능하지 못할 것이다.

오늘날의 한국교회가 신약적인 교회의 모습과 하나님나라의 과업에 모두 충실하고자 한다면 대항문화로서의 교회를 생각할 수밖에 없다. 스나이더는 "기독교적 대항문화가 지배문화에 대해 진정한 대안을 제시하므로 이 사회로 하여금 스

---

[202] 하워드 스나이더, 『참으로 해방된 교회』, 권영석 역, (서울: IVP, 2005), 38.

스로를 성찰하고 비판하며 나아가 변호하도록 자극한다."[203]
고 주장한다. 그는 성경에서 교회를 대항문화로 묘사하는 다
섯 개의 구절들을 제시한다.[204] 첫째, 예수님의 제자들은 세
상과의 심각한 긴장관계에 놓여 있다. 즉 세상에 있으나 세
상에 속하지 않는데서 오는 긴장이다(요 15:18-19). 이것이
바로 성육신의 긴장이며 교회가 대항문화가 되어야 하는 이
유이다. 둘째, 교회는 예수님의 형상을 본받는 공동체이지 세
상 문화의 형상을 본받는 공동체가 아니다. 예수님은 우리로
하여금 당신 자신을 본받도록 우리를 부르셨다(롬 12:2). 셋
째, 교회는 현 세상의 가치를 하나님나라의 진리와 맞바꾼
공동체로서 대항문화이다(눅 12:29-32). 넷째, 교회는 하나님
의 대항문화로서 그저 세상에 존재하는 정도가 아니라, 이
세상에서 하나님이 주신 사명을 감당하는 데까지 나아가야
한다(요 17:18). 마지막으로, 하나님나라의 가치관은 인간의
문화적인 다양성과 노력들은 긍정적으로 평가하며, 선한 것
들과 조화로운 것들을 긍정하며 추하며 왜곡된 것들을 배척
한다(계 21:23-27). 즉 하나님은 우리의 문화적인 노력들을
모으시고 정화시켜 당신의 나라에 사용하실 것이다. 교회는
대항문화를 형성함으로 이 세상에 아름다움과 조화를 이루는
문화사역에 합법적으로 참여할 수 있게 된다.

스나이더는 대항문화로서의 교회가 세상과 격리되어 내
부 지향적인 게토가 되는 것을 피하기 위해 하나님나라를 위
한 공동체로 존재해야 한다고 주장한다. 하나님나라의 공동
체가 되는 것은 사회, 경제, 정치적인 차원을 포함하고 있다.

---

203) Ibid. 170.
204) Ibid. 171-175.

왜냐하면, 교회는 궁극적으로 충성의 문제를 다루고 있고 현 질서를 변혁하는 것을 목적으로 하기 때문이며, 사람들의 세계관을 변화시켜 강력한 사회집단을 형성하기 때문이고, 피조물에 대한 청지기직을 수행한다는 의미에서 경제적이기 때문이다.[205]

　　교회의 선교적 본질을 회복하는 것은 교회가 사역의 내용과 구조에 있어서 지배문화의 도전을 감당할 뿐 아니라 오히려 변혁의 공동체로서 삶을 영위하게 만든다. 한국교회가 대중문화를 변혁하기 위해서는 먼저 교회의 회심이 뒤따라야 할 것이다. 진정한 회심이 없이 교회는 어떠한 변혁과 갱신의 역량을 소유할 수 없다. 교회의 회심과 변화는 신자들의 삶의 방식을 변화시켜 정치, 경제, 문화 등 모든 공적인 영역에서 선교적인 삶을 살게 할 것이다.

IV. 나가는 글

　　오늘날 한국교회와 그리스도인들의 신앙이 지배적인 대중문화가 제공하는 가치관에 의해 왜곡된 이유는 무엇인가? 오늘날 교회는 대중문화의 세계관에 어떻게 반응해야만 하는가? 그리고 어떻게 기독교적 세계관이 대중문화의 세계관을

---

[205] Ibid. 176-177. 하워드 스나이더는 그의 저서 『교회 DNA: 우리 시대의 교회는 예수 DNA를 가졌는가?』, 최형근 역, (서울: IVP, 2006), 257-291에서 공적 제자직에 관하여 언급하며 기독교적인 삶을 사적인 동시에 공적이며, 내적인 동시에 외적이며, 물질적인 동시에 영적인 것이라고 주장한다. 이러한 그의 교회론은 교회의 삶의 방식에 대한 이원론적인 접근을 극복하며 기독론과 성령론, 그리고 종말론에 근거한 교회론을 제시한다.

극복하고 변혁시킬 수 있는 근거를 마련할 수 있는가? 이러한 질문들을 갖고 본 논고에서 필자는 레슬리 뉴비긴의 모델을 통해 대중문화를 이해하고 분석하기 위한 틀을 제시해 보려고 노력했다. 문제는 어떻게 이론을 현장에 접목시킬 수 있는가이다. 그 해답은 교회의 철저한 회심이며, 회심의 결과로 나타나는 왕 되신 우리 주님에 대한 충성과 헌신을 통해 참된 제자직을 실천하며 하나님의 왕국의 세계관을 회복하는 것이다.

한국교회는 전통문화와 종교들의 저항보다 대중문화로부터 더욱 심각한 도전을 받고 있다. 그것은 기독교의 진리에 대해 대적하는 양상으로 나타나기보다는 복음에 대한 냉소적인 태도로 나타난다. 즉 하나님의 왕국의 가치관을 담지하며 순례하는 하나님의 언약백성인 교회를 문화의 중심부로부터 밀어내어 공적인 영역에서 전혀 영향력을 발휘하지 못하도록 소외시키려는 것이 바로 대중문화가 갖고 있는 세속적 힘이다. 교회가 선교적 본질을 회복한다는 것은 암담한 현실 가운데서도 모든 그리스도인들이 선교사로서의 삶을 살아나가는 것으로서 다원적이고 극도로 세속화된 문화에서 성령의 능력 가운데 예수 그리스도의 복음을 전파했던 초대교회 성도들의 삶을 오늘날 한국교회에 재현한다는 의미이다.

교회가 대중문화의 도전에 직면하여 대항문화로서의 역할을 감당하며 대중문화를 변혁하기 원한다면 복음이 제시하는 삶으로 돌아가는 것 이외에 어떤 다른 대안도 있을 수 없다. 교회가 한국사회와 문화를 변혁하고 열방을 향한 참된 증거가 되는 길은 그 자체로 하나님나라의 공동체로서 운동이 되는 길밖에는 없다.

"한국교회의 선교와 대중문화"에 대한 논찬
-대중문화 속의 선교 전략-

신국원 교수 • 총신대학교

최형근 교수는 이 논문에서 대중문화를 포스트모던 사회의 '지배문화'로 보고 그 문화와 한국교회 선교의 관계를 조명하려 한다. 그의 관심은 지금 한국교회가 지난 한 세기의 활발한 성장 이후 적지 않은 어려움에 직면해 있다는 현실에 집중되어 있다. 최교수는 이런 현실을 타개하기 위한 지혜를 레슬리 뉴비긴이 제시한 다원주의 사회 내의 복음전도 전략에서 발견할 수 있을 것으로 본다. 뉴비긴은 교회의 선교적 사명을 복음과 문화 사이의 해석학적 과제라는 관점에서 파악한다. 이 관점에 따르면 한국교회는 세계적 현상이 된 대중문화와 복음이 어떻게 관계를 맺어야 할지를 파악하여 그에 부합하는 선교전략을 세워야 한다. 나는 최교수의 근본 논지에 공감하면서 발전적 논의를 위해 두 가지 제안을 덧붙이고자 한다.

1. 뉴비긴의 복음-문화-교회의 삼중 구조 이해

최교수는 우선 한국교회의 약화는 '공적(公的) 영역'에서
의 후퇴로 인한 사회 문화적 영향력을 상실한 것에 그 원인
이 있다고 본다. 이 점에 있어서 한국교회는 뉴비긴이 분석
한 서구교회의 쇠퇴 과정을 답습하고 있다고 볼 수 있다는
것이다. 뉴비긴은 서구교회가 신앙과 삶의 통합을 추구했던
종교개혁의 이상을 저버리고 신앙을 사적(私的)인 것으로 만
든 계몽주의의 이원론 전략에 말려든 결과 쇠퇴의 길을 걸었
다는 사실에 주목한 바 있다. 마찬가지로 최교수도 한국교회
는 현재 지배문화요 '타당성 구조'라고 할 수 있는 대중문화
가 주도하는 공적 담론의 장에서 적극적으로 행동하지 않는
다면 결국 복음이 사적 영역에 국한되고 교회는 문화적 게토
가 될 것을 우려한다.

뉴비긴은 이러한 이원론적 분리를 극복할 기구가 바로
교회며 거기에 선교적 사명의 장이 있다고 했다. 헌스버거에
따르면 이런 뉴비긴의 주장은 일종의 '선교적 교회론'이다.
즉 교회는 문화 속에서 복음을 이해하기는 하지만 거기서 그
치지 않고 나아가 그 문화를 복음의 관점에서 변혁하는 기구
라는 것이다. 복음은 문화에 대해 '도전적 상관성'을 가지며
양자의 관계는 불연속적이기 때문에 직접 연관되기 어렵다.
그러나 문화 속에 심겨지고 거기서 활동하는 교회는 비록 문
화와는 별개의 존재이지만 그와 밀접한 관계 속에 있을 수밖
에 없다. 특히 교회는 복음을 문화에 매개하는 일종의 해석
적 기구의 역할을 해야 한다. 개혁주의의 언어로 표현하자면
교회는 "세상 속에 있으나 세상의 것은 아니다." 아울러 교회

는 세상 속으로 들어가 그것에 복음을 소통해야 할 사명이 있다. 이것이 헌스버거가 생각하는 교회의 '선교적 대화'이다. 그것은 복음을 문화에 매개하고 또한 문화의 언어로서 복음을 번역하는 해석학적 사역이다.

교회가 문화 속에서 해석학적 사역을 감당하여 '선교적 대화'를 바로 수행하는 핵심적 열쇠는 '도전적 상관성' (challenging relevance)을 지키는가에 달려 있다. 리처드 니이버의 방식으로 말하자면 문화에 파고들어 소통 능력을 발휘하는 '문화의 그리스도'의 상관성을 가지면서도 문화에 함몰되지 않고 복음의 본질을 가져 '문화에 적대하는 그리스도'의 도전적인 모습을 유지하는 균형을 가지는 것이다. 이 일은 선택사항이 아니다. 교회는 한편으로 문화 속에 위치하기 때문에 문화의 안경을 통해 성경을 읽게 되지만 동시에 성경을 통해서 문화를 읽는 해석학적 순환 속에 있을 수밖에 없다. 교회는 성경을 통해 문화를 읽는 세계관에 의해 형성되는 점에 있어 '성경의 백성들'이다. 한편 교회는 성경의 진리에 입각한 삶의 자세로서 문화 속에 '예배적 삶'을 통해 문화를 변혁한다는 점에서 '선교적 공동체'이다. 베반스가 파악한 대로 이것이 뉴비긴의 '대항문화적' 상황화 모델인 것이다. 이것은 '예언자적 모델, 대조사회 모델, 또는 고백적 모델'이라 부를 수 있다. 교회는 이런 속성을 갖춘 '대안공동체'로서 존재한다.

최교수는 뉴비긴의 생각에 따라 오늘날 한국교회가 대중문화에 대해 선교전략을 세움에 있어 교회 자체가 얼마나 지배적인 대중문화에 의해 형성되었는지를 비판적으로 살피는 일이 필요하다고 본다. 복음을 문화 속에서 번역하고 해석하는 주체요 대리인으로서 교회는 늘 문화의 언어로 복음을 이해하기 때문에 해석학적 순환에서 벗어날 수 없다는 점을 의식하는 것이 이 모든 논의에서 매우 필요하기 때문이다.

제안 1: 이 논의 전반에서 선교에 있어서 문화가 가질 수 있는 순기능에 대한 고려가 빠져 있다. 그것은 복음과 문화를 '도전적 상관성'의 도식으로만 포착하기 때문이다. 선교적 관점에서 모던, 포스트모던, 대중문화가 유포하는 잘못된 가치관과 어떻게 대결할 것인지 논의와 더불어 선한 면모를 어떻게 취해 활용할 것인가에 대한 고려도 필요하다. 예를 들어 대중문화에 젖어 있는 오늘의 세대가 이전 세대보다 문화적으로 복음에 대해 열려 있는 면이 없는지를 살피고 그것을 활용하는 전략이 필요하다. 아울러 한국사회는 급변하는 과정을 거쳤기 때문에 세대별 문화적 지형을 세대별로 파악하여 그에 부합하는 차별화된 선교적 접근이 필요하다. 보다 구체적으로 논의해야 할 주제가 있다면 오늘날 교회마다 도입하고 있는 '열린 예배'가 과연 선교적으로 바른 전략인지를 반성하는 일이 필요하다.

2. 대중문화 사회에서의 한국교회 선교 전략

둘째로 최교수는 한국대중문화가 '획일적인 군사문화와 오락중심의 문화'로써 미국과 일본의 대중문화의 모방인데 젊은 세대가 이를 무비판적으로 수용하고 탐닉하기 때문에 사회적 혼란과 교회에도 "매우 부정적인 영향을 미치고 있다."고 파악한다. 더욱이 대중문화의 사상적 기반은 모던과 포스트모던이 섞여 있어 이중 도전을 내포하고 있다. 근대주의는 기독교를 사적인 영역에 분리시켜 배제하는 방식으로, 포스트모더니즘은 상대주의와 감각적 쾌락주의를 유포하여 악영향을 주고 있다는 것이다. 그러나 대중문화에 대한 강한 비판에도 불구하고 최교수는 그것을 무조건적인 배격하거나 비판을 통해서가 아니라 인식론적 우위에 기초한 신학적이며 철학적 근거를 확립하여 기독교적 세계관을 전도하려는 도전을 극복하여 '세계관 전쟁'에서 이기는 방안을 찾아야 한다고 주장한다.

대중문화를 뉴비긴의 모델에서 접근하는 경우 대중문화에 대한 무조건적 비판이나 수용이 아니라 '비판적 실재론'의 입장을 제공한다는 것이 최교수의 판단이다. 이는 "포스트모던적 상대주의에 근거한 대중문화의 세계관을 극복하고 개혁적이고 갱신적인 입장에서 대중문화를 수용하여 복음의 상황화"를 이루게 해줄 입장이다.(8쪽) 이런 뉴비긴의 입장은 창조-타락-구속의 성경적 세계관의 입장에서 대중문화를 변혁주의적으로 접근하는 견해와 일치하는 면을 보여준다.

모더니즘의 타당성 구조는 과학적 실증주의에 입각한 객관주의 진리관이었다. 반면에 포스트모니즘은 상대주의적이며 '실용주의적이고 개인주의적이며 주관주의적인 인식론'을 주장한다. 이 둘 다 기독교 진리와 세계관과 대립된다. 교회는 이에 맞서 복음적 '타당성 구조'를 제시해야 한다. 모더니즘과 포스트모더니즘이 혼합된 세계관에 서 있는 대중문화를 복음의 빛 속에서 이해하고 비평해야 한다. 모던 방식으로 대중문화를 일방적으로 비판하면 새로운 세대와 관계단절이 우려된다. 반면에 포스트모더니즘에 입각해 실용주의적으로 접근하면 변혁이 아니라 대중문화에 종속될 위험이 있다.(9쪽) 그러므로 최교수는 제 삼의 접근 방식이 필요하다고 본다. 즉 복음의 빛 아래 '대중문화의 실재를 파악'하고 "대중문화가 제공하는 문화적 형태들 안에서 복음의 내용을 담아낼 수 있는 구속적 유비"를 찾아내는 길이다. 이 때 성경적 세계관은 대중문화를 걸러내는 정수기 역할을 한다.

이 때 유의해야 할 중요한 한 가지는 문화의 형식과 내용은 완전히 분리할 수 없다는 점을 잊지 않는 것이다. 이를 분리할 수 있다고 믿어 대중문화 형식을 무비판적으로 취할 경우 대중문화 형식에 깊이 영향을 받고 있는 세대를 변혁함에 어려움을 초래할 수 있기 때문이다. 특히 "대중문화 형식을 예배나 삶에 적용할 경우 신앙의 내용이 왜곡되거나 축소될 소지가 다분"하다.(10쪽) 따라서 복음의 상황화는 대중문화의 장단점을 파악하여 유익한 것만 취하고 혼합주의는 피해야 문화의 회심과 변혁을 이끌어낼 수 있는 비판적 자세를 견지할 수 있다. 즉 하워드 스나이더의 말처럼 "기독교적 대항문화가 지배문화에 대해 진정한 대안을 제시하므로 이 사회로 하여금 스스로를 성찰하고 비판하며 나아가 변화하도록 자극한다."는 전략이다. 최교수는 이것이 전통문화나 종교보다 더 큰 위협을 가하는 대중문화를 이기고 나아가 변혁하는 길이라고 본다. 또 이것이 교회가 내부지향적인 게토를 피하는 일이며 오늘의 지배문화의 도전을 극복하고 변혁 공동체의 본분을 다하는 길이라는 것이다.

제안 2: 대중문화가 단순하지 않은 복합적 세계관 위에

서 있다는 사실을 인식하고 그에 대해 바른 대처 방식을 구
사하는 것이 필요할 것으로 사료된다. 뉴비긴의 방식은 대중
문화 분석에 한계가 있다. 그것은 대중문화를 단지 하나의
전통적인 종교적 세계관과 동일시하는데 그칠 수 있다. 대중
문화는 자본주의적 산업구조에 기초하고 있다는 점을 잊어서
는 안 된다. 또한 이데올로기적 기구 역할을 한다는 점도 감
안해야 한다. 바로 이런 이유에서 대중문화에 대한 세계관적
접근에는 그것의 '인식론적' 국면에 대한 논의뿐 아니라 미학
적, 사회-정치적, 윤리적 접근이 모두 필요하다. 즉 교회는
대중문화에 대해 심미적인 비판에 빠져서도 안 되지만 인식
론 또는 윤리 도덕의 문제로 국한시켜서도 안 된다. 세계관
적인 포괄적 비평을 해야 한다. 이 때 빠질 수 없는 것이 대
중문화의 사회 정치적인 함축이다. 전인적이고 '존재론적' 접
근이 필요하다. 그것이 해석학에서 말하는 근대문화 비판의
핵심이자 포스트모던에 대한 대안에서 배울 수 있는 가장 중
요한 내용이다.